被爆体験の継承

ナガサキを伝えるうえでの諸問題

はじめに

２０１５年は、「戦後70年の節目」という枕詞で表現された。区切りのいい10年ごとに何かの特集を組むのはマスコミの慣例だが、私は「戦後〇〇年」と70まで数えることができたことに大きな喜びを感じた。これからもずっと戦後〇〇年と数を伸ばしていきたいものだと心底思う。できれば、およそ２００年、戦争をしないできているスイスやスウェーデンのようにである。

ところが周知のように、「戦後70年の節目」で、にわかに雲行きがあやしくなってきた。２０１５年7月19日未明、安保関連法が〝成立〟した。成立といっても、参議院の議事録には「聴取不能」と記録されているという。まるで〝国会動物園〟状態で、国の形を大きく変える法案が成立したのである。国会ではこのとき、ほんものの民主主義は死んだと私は感じた。

14年7月1日、安倍政権は憲法9条の字句は変えず、解釈を変えて集団的自衛権行使を可能にすることを閣議決定した。これに先立って、特定秘密保護法を成立させておく用意周到さでもあった。10本の既存の法律とひとつの新法を一挙に上程するという無茶を通して、平和安全法制という新安保関連法を成立させた。「9条を壊すな」「戦争法案撤回」という広範な民意を政府は一顧だにせず、自衛隊を憲法の縛りから解いて、地球上のどこででも他国の軍隊を武力で支援することができるようにした。

憂うべき国の動向は、地方と連動するものである。

8月9日の平和祈念式典で長崎市長が読み上げる「平和宣言」は、平和宣言文起草委員会での討論を経て、最終的に市長が決定する。政府批判の文言も含まれることがある。また、「平和への誓い」を述べる被爆者代表は、とくにここ数年、政治状況を反映して、暴走する政治に危機感を抱き、心情を率直に吐露してきた。こうした被爆地ナガサキの平和祈念式典のありようを、中央は見逃さなかった。

というのは、これに呼応するかのように、長崎市は〝戦争法案〟などに厳しい意見を述べる起草委員を再任しなかった。そして長年慣例になっていた被爆者5団体の推薦による被爆者代表の選定というこれまでの方法から、市が設置する審査会で決めるやり方に唐突に変えたのである。

戦後70年、築き上げてきた「戦争をしない国」という平和ブランドをあっさりと放棄し、「戦争をする国」へと大転換させたことによる失うものの大きさ、不幸は計り知れない。政府や法案に賛成した国会議員に、70年前の瓦礫と焦土の日本列島の惨状や「あの日」、きのこ雲の下でなにが起こったのかを想像する力があれば、専門家がこぞって憲法違反と断定する〝戦争法案〟を法制化できるはずがない。目を覆うばかりの知性と想像力の欠如といわざるをえない。

こうした政治状況の劣化のなか、戦後一貫して戦争反対、核兵器廃絶を叫び続けてきた被爆者の平均年齢は80歳を超えた。被爆者の高齢化に伴うこれからの被爆体験の継承については、かなり前から憂慮され問題視されていた。そのためのシンポジウムなども、しばしば開催されてきた。しかし、議論はたいてい振出しにもどっていたように思う。後もどりしない、一歩でも半歩でも議論を前に進めることが肝心だと常々考えていた。「被爆体験の継承」を起点とする核兵器廃絶という被爆者の悲願、ナガサキを国内外に伝えなければ……という思いは、ここにきていよいよ正念場である。

あえてナガサキと表現し、たんなる地名としての長崎を超えて、「ノーモア・ウォー」「ノーモア・ヒバクシャ」という長崎原爆に絡める私たちのさまざまな心情、長崎の心を含意させてきた。したがって、「ナガサキをどう伝えるか」とは、長崎に投下された一発の原爆による被爆の実相、被爆体験や被爆者の思いを国内外にどう語り継ぐかである。だれが、なにを、どう継承すればいいのかを考えることは、同時に、語り継ぐうえで生じる諸問題について考えることでもある。

ところで、「被爆体験の継承」という言い方が、ふつうに使われるようになって久しい。いつ、だれが初めて使ったのかを特定するのは不可能だとしても、いつごろから一般化したかを推し量るものがないわけではない。例えば、8月9日の平和祈念式典で長崎市長が世界に向けて宣言する「平和宣言」がある。その宣言文で「被爆体験の継承」と初めて使ったのは、1980年（昭和55）、当時の本島等市長である。ちなみに、「被爆者」という言葉の宣言文での初出は、1968年（昭和43）の諸谷義武市長のときである。どちらも戦後の早い時期からの用語ではないのが意外である。

また、「被爆体験の継承」という言葉の使い方については異論もあり、「被爆体験」を「継承」

できるはずはないのだから、「被爆体験の記憶の継承」とすべきだというものである。正確に言えばその通りだが、「被爆体験の継承」という言い方が一般化し定着していることと、「記憶の継承」の意味を含めて使っていると思われるので、ここではこれまでのように「被爆体験の継承」と表現することにした。

さて、その継承問題について、２０００年1月の「ながさき平和講座」（長崎平和推進協会主催）で「語り継ぐうえでの諸問題―長崎をどう継承するか」と題して話をしたことがあった。そのときのレジュメを基に加筆したのが本書である。題名からも分かるように、本書は、いわば問題集である。解明するためのヒントらしいものもいくらかあるが、解答集とまではいえない。後生に託すという最善の選択をしたい。

この一私案が、被爆体験の継承を考えるときの一助になれば幸いである。

２０１6年6月1日

山川　剛

被爆体験の継承

ナガサキを伝えるうえでの諸問題

目次

第2章　「被爆体験」のなにを伝えるか……59

諸問題

第3章　「被爆体験」をどう伝えるか　諸問題　89

文中敬称略

表紙デザイン：山川　若菜

序章

被爆体験の継承
ナガサキを伝えるうえでの諸問題

「はじめに」でも述べたように、被爆者や戦争体験者の高齢化が、「体験を語る」うえでのさし迫った課題であると、かなり以前から指摘されてきた。そのつど議論もされてきたが、堂々巡りの観が否めない。継承「問題」は喫緊の課題、待ったなしの状況と気持ちは前のめりになるものの、話は煮詰まらず、また日を置いて同じようなテーマの議論が繰り返されてきたように思う。後もどりをしない共通理解を一歩ずつ確実に進めたい。

まずは、語り継ぐうえで、なにが問題なのかを整理してみる必要がありそうだ。諸問題を具体的に解決する道筋は、その先にあるのではないか。そこで以下のような柱を立てて考えを進めることにしたい。

〈継承〉を考えるための前提と3つの柱

前提　なんのために伝えるか（目的）

3つの柱　1　だれが伝えるか（担い手の問題）

2　なにを伝えるか（なかみの問題）

3　どう伝えるか（伝え方の問題）

なんのために伝えるか（目的）

「あなたは、なんのために被爆体験を語るのですか」と真正面から問われたら、「いまさらそんな……」と口ごもったり、「そんなことは分かり切ったことだろう！」と感情的な受け答えになるかも知れない。使命感をもって日常的に被爆体験を語っている被爆者にとっては、たしかに「いまさらそんな……」であり「わかりきったこと」にちがいない。話し手と聞き手の間の〝暗黙の了解〟でもあるだろう。

しかし、70年以上前の「むかし」のできごとは、子どもにとっては「むかし話」なのかも知れない。あまり楽しくもない、かわいそうな「身のうえ話」にすぎないのかもしれない。せっかくの修学旅行なのに、そんなむかしの話をなぜ自分たちは聞かされるのだろうか。なぜ先生たちは長崎に連れてきたんだろう。こんな疑問を抱えた子どもたちはいないだろうか。

これは被爆者の側からいえば、なんのために語るのか、伝える目的である。話し手と聞き手の両者が、なんとなくわかり合っているようなこの「目的」が、予期せぬ形でいきなり論争の争点としてクローズアップされる〝事件〟が、かつて長崎で起こった。この件については後に2の柱で触れることにするが、語り伝える目的をあいまいな暗黙の了解にしてはならず、語り手と聞き手の両者が、しっかりと目的をわかりあったうえでの協働作業の場にしなければならないのである。

世界の国々は、戦争に備える教育は豊富な経験と知識をもっている。どうすれば子どもたちを戦争大好きな若者にすることができるか、どの国もよく知っている。しかし、どうすれば崩れない平和な世の中をつくることができるのかは、どの国も模索中だ。

むずかしい問題だが、そのための最初の一歩はいえるのではないか。それは、広島・長崎で起こったできごとを忘れないことである。「過去を忘れる者は、その罰としてそれを繰り返す」という。しかし、残念なことに人間は忘れやすい。長崎に原爆が落とされたというのはウソだという者が、現れないとも限らない。過去のできごとをなかったことにしたり、ねじ曲げたりすることを防ぐには、多くの人がナガサキを学び、学んだらそれをつぎの人に伝えること、継承していくよりほかにはない。

私の伝える目的をひとことで言えば「二度と被爆者をつくらない」ということである。私たちだけでもうたくさん、ノーモア、目の前のみなさんたちを絶対に被爆者にしてはならない、ということである。これは「核兵器ゼロ」といい換えることができる。すなわち

二度と被爆者をつくらない＝核兵器ゼロ

という〝平和の公式〟である。いまなお地球上には、1万5000発を超える核弾頭が存在する。核兵器が、あと1発になったとイメージしてみよう。「ま、1発ぐらいのこってもいいよね」だろうか。長崎は1発だった。1発あれば数十万の死傷者と被爆者が、またつくられるのだ。1発でものこせば、「二度と被爆者をつくらない」ことと「核兵器1」はイクオー

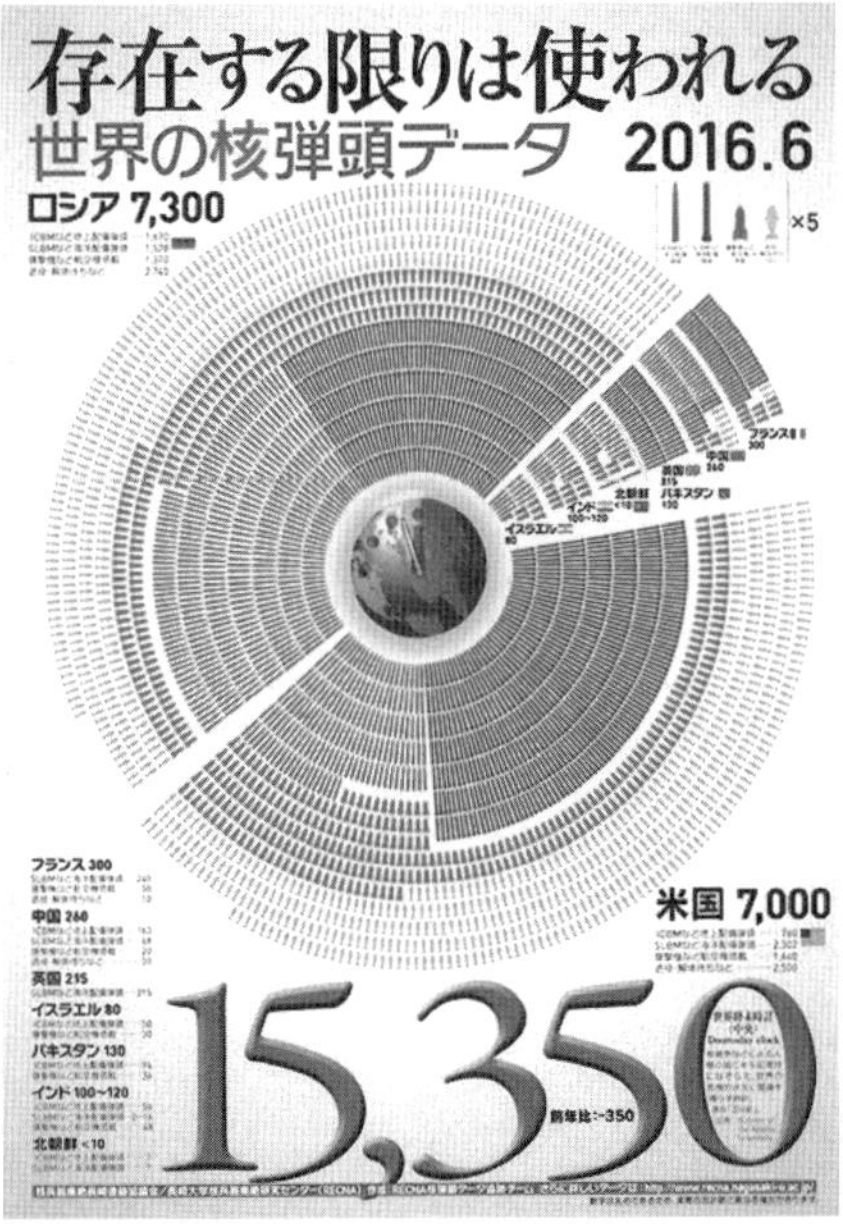

世界の核弾頭数を示したポスター＝RECNA（長崎大学核兵器廃絶研究センター）作成ポスター

ルにならない。等号が成り立つのは、核兵器ゼロのときだけである。

核兵器が使われたら人間はどうなるかを、身をもって知っている被爆者が、「あの日」が起こる可能性がある限り、二度とあの惨劇を繰り返させないために、被爆の実相を生かされた者の使命として語り継ぐのである。核兵器が使われたらどうなるのかを知ることが、最初の一歩だと確信しているからである。

第1章

「被爆体験」はだれが伝えるか

（1）被爆者と被爆体験者

「被爆体験者」も被爆者である

いわゆる「被爆者援護法」（「原子爆弾被爆者に対する援護に関する法律」、1994年）は、直接、入市、救護・処理、胎児という4種の被爆者を規定している。

ひとくちに被爆者といっても、被爆体験とその記憶は微妙に、あるいは大きく異なる。

・みずからの被爆体験や周囲の状況を詳しく記憶している少数の被爆者がいる。おおまかにいえば、被爆時に国民学校（いまの小学校）高学年か中学生以上の年代である。

・みずからの被爆体験や周囲の状況を断片的に記憶している被爆者がいる。幼児期から国民学校中学年くらいが該当する。

・みずからの被爆体験をほとんど、あるいはまったく記憶していない被爆者がいる。被爆時に幼少だったり胎内被爆だったりしたためである。

みずからの記憶にもとづいて語ることのできる被爆者が目に見えて減少するなかで、自らは被爆の記憶がない1、2歳の幼少時の被爆者や胎内被爆者が、マスコミでも取りあげられ注目されるようになってきた。

そのひとりである胎内被爆者の里見香世子（広島のろう学校教師）のことばを紹介したい。「なんのために伝えるか」という目的とも重なる。

《7月の教材に「原爆の子」の詩の一篇を取り上げた時、すばらしい手話の表現に気がついた。「平和」「平等」「あたりまえ」という三つのことばが、一つの同じ形で表されるのである。人間の長い歴史の中で、教育も受けられず、家畜同様に扱われてきたろう者のことば、手話がみごとな真理を表している！

ほんとうに平和であり、平等であることがあたりまえであるような時代への架け橋として、子どもたちに、原爆体験や戦争体験を語り伝えること。この子たちを再び戦場に送ることのない社会の創造を目指すこと。戦争を好む者との日常の闘いをすること。それが、現在を生きる大人である私たちの任務でなくてなんだろう》

聴覚に障がいをもつ先生たちの全国集会が、２００７年に長崎市でおこなわれたとき、私は右の言葉を引用して話をした。そのときのもうひとりの講師は、03年の平和祈念式典で被爆者代表として初めて手話で「平和への誓い」を述べた聴覚障がい者の山崎栄子だった。

現段階で、国が被爆者と認定せず「被爆体験者」とよぶ被爆者がいる。「被爆者も被爆を体験しているから被爆体験者だろう、どう違うの？」という声を聞く。確かに紛らわしいが、行政は峻別する。「被爆体験者」と名付けて、「被爆者」とはよばない。

行政がいう「被爆体験者」は、爆心地から12キロ圏内で被爆したが、行政が定めた被爆地域外

（被爆地域と拡大地域）

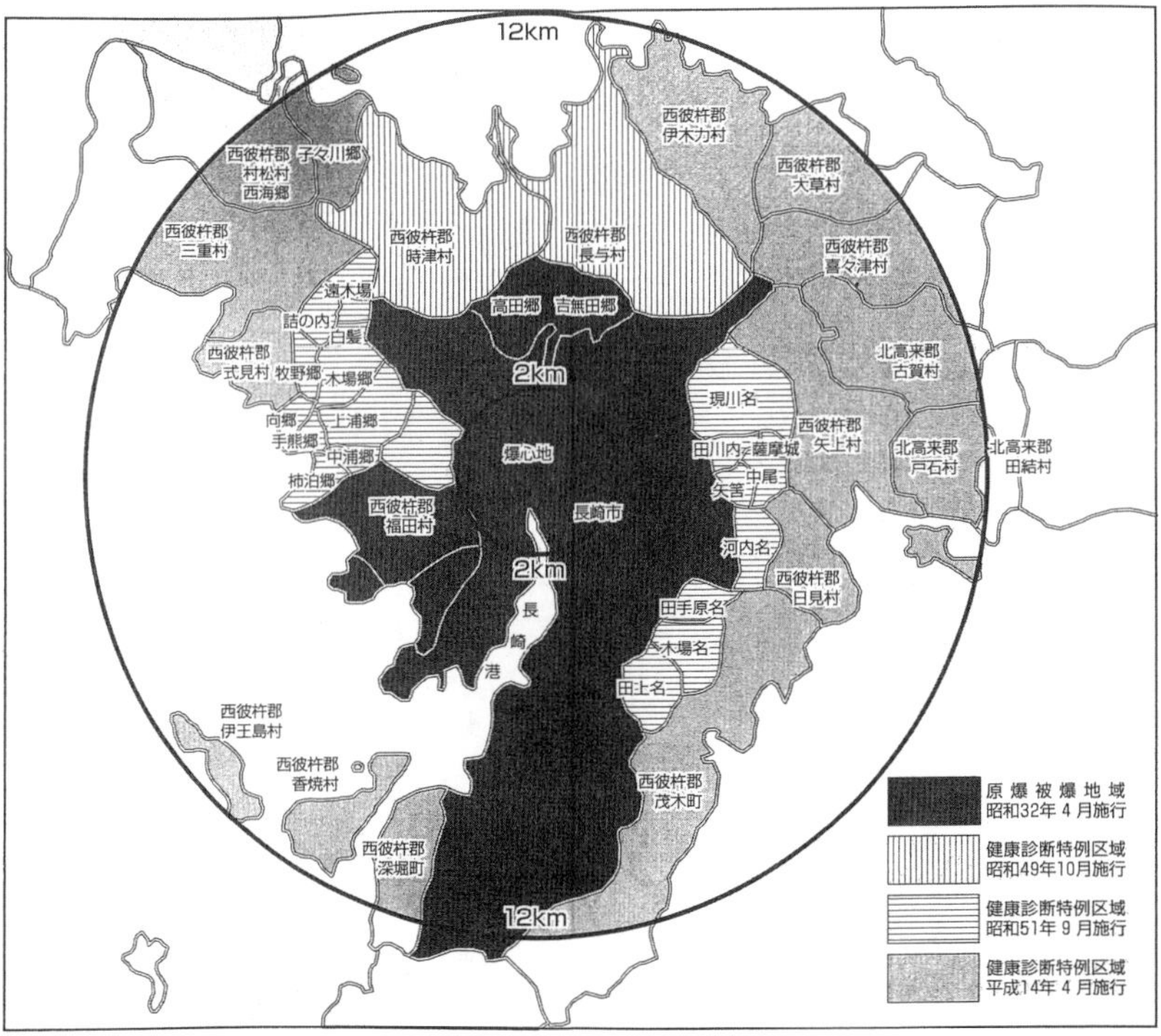

※原爆投下時の地名

被爆地域図　被爆体験者は、円に近い平成14年4月施行の特例区域=『ノーモアヒバクシャ』(2015年長崎原爆被災者協議会)

で被爆した人たちである。行政のいう被爆地域とは、爆心地から南北に約12キロ、東西に約7キロといういびつな形をした被爆当時の行政区域である。

在外被爆者問題でもそうだったように、本来、行政が解決すべき問題なのにまったく機能しないため、やむをえず司法判断を求めざるをえないのである。裁判ではしばしば、被爆体験者の証言や資料が「科学的根拠に欠ける」と、難癖をつけられてきた。ならば、爆心地から南北に12キロ、東西に7キロを被爆地域とすることに、どのような「科学的根拠」があるのか立証すべきだろう。

被爆体験者訴訟は、福岡高裁と最高裁で係争中だ（2016年現在）。被爆体験者は、明らかに被爆者である。

「語り部」という証言者たち

つぎに、被爆者たちとその支援者、協力者たちの組織化についてみてみよう。

被爆体験を語る被爆者を俗に「語り部」という。正式には「証言者」とよぶべきかも知れないが、「語り部」は、何をする人か分かりやすいのか、報道で広く使用されるようになった。

長崎の語り部は、公の場で語った渡辺千恵子をもって草分けとするようだ。1968年8月9日、長崎市で開かれた「第2回原水爆禁止世界大会」でのことを、渡辺は後に書いている。

《その日、私は母に抱かれて壇上にあがりました。訴えかける娘、その娘を抱える母―二人とも緊張でふるえる思いでした。そんな私たちの訴えに耳を傾け、どよめき、決意を一つにする三千人の人びと、五十七人の海外代表―その姿をみて、私は深い感動をおぼえたのです。このときの感動がきっかけになって、それまで自分に巣くっていた虚無も、絶望も、ひねくれも、どこかへすっかり消え失せてしまったことに気づきました。私の心に、原水爆禁止、核兵器廃絶という大きな目標が掲げられ、そのために生きていこうという明るい灯がともったのです》

この前年、55年に渡辺千恵子ら被爆女性たちたちが「原爆乙女の会」を結成し、山口仙二ら青年たちが「原爆青年の会」つくった。2つの会は、翌56年に「原爆青年乙女の会」に統一された。同年、「原水爆禁止日本協議会（原水協）」が発足。56年には、「日本原水爆被害者団体協議会（日本被団協）」と「長崎原爆被災者協議会（被災協）」も相次いで誕生。「語り部」の要請が急増する。65

年に、「原水爆禁止日本国民会議（原水禁）」が結成された。68年には「長崎の証言の会」が発足、生々しい被爆証言の精力的な収集および『長崎の証言』の刊行がはじまった。

70年には「長崎市原爆被爆教師の会」（被爆教師の会）が結成され、長崎の平和教育を牽引した（現在、高齢の元被爆教師たちの後を継ぐ「被爆2世教職員の会」〈会長・平野伸人〉が86年に結成され活動している）。「被爆教師の会」の最初の取り組みは、市内小中学生を対象にした「原爆に関する意識調査」だった。特に教職員に大きな衝撃を与えたのが、長崎に原爆が投下された事実をおよそ1割の小中学生が「知らない」ということだった。ここから教師たちが「沈黙の壁を破って」急ピッチで手探りの平和教育に取り組むのである。

74年に「核実験に抗議する長崎市民の会」が、核実験の即時禁止を求めて座り込みをはじめた。83年には官民一体の任意団体「長崎平和推進協会」（初代理事長は故秋月辰一郎）がスタートした。翌84年に財団法人という組織になり、現在は公益財団法人としてナガサキを語り継ぐ主要な組織になっている。

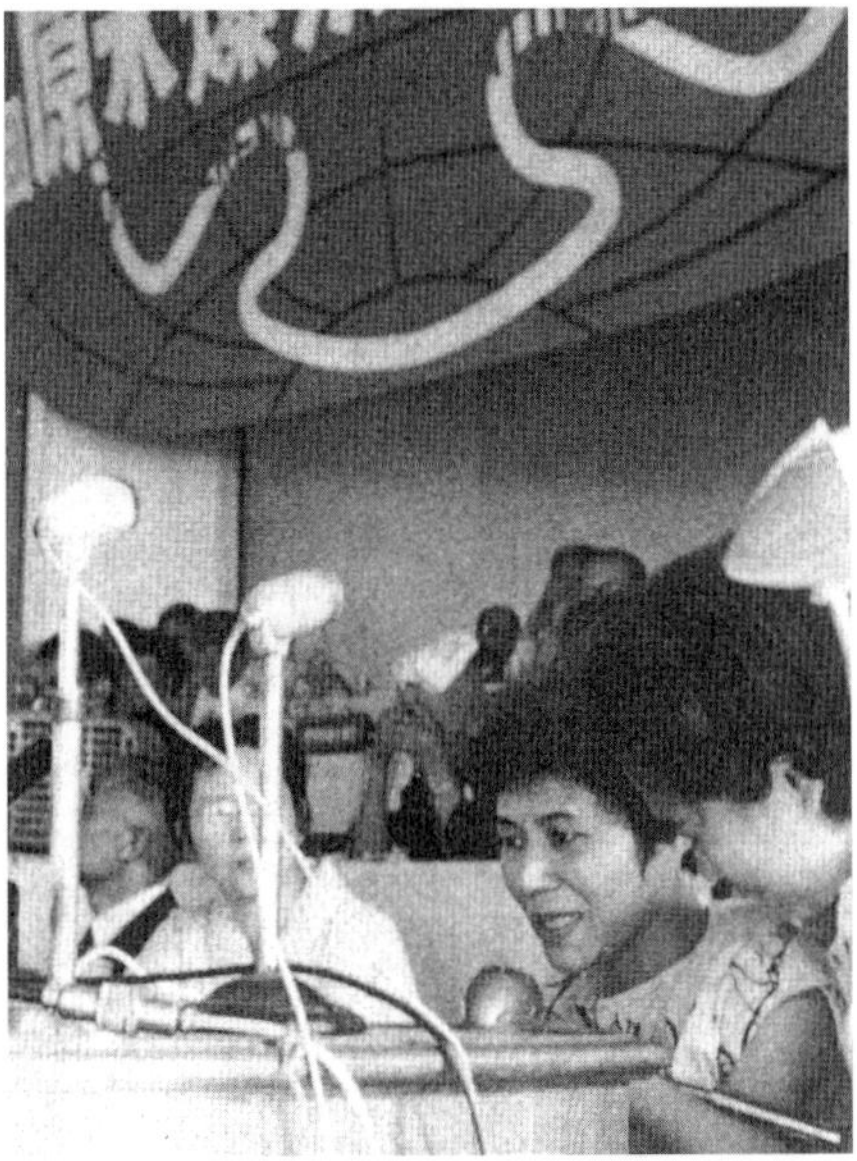

第2回原水爆禁止世界大会で訴える渡辺千恵子
=『長崎に燃えよ、オリンポスの火』（1983年、草土文化）

「長崎の証言の会」とは

先の「長崎の証言の会」について少し敷《ふ》衍《えん》したい。

会の設立は1968年で、名称は「長崎

の証言刊行委員会」だった。現在の「長崎の証言の会」に改称したのは1971年3月である。大学教授・鎌田定夫の呼びかけに賛同した被爆医師秋月辰一郎、いまは故人となったこの両人を核として、スタッフが集まった。設立のきっかけはなにか。それは、厚生省（現厚生労働省）の「原爆白書」だった。被爆者の実態調査を1967年に白書として発表したが、被爆地が目にする被爆者の実態とは、あまりにもかけ離れたものだった。

「被爆者と非被爆者の間には、生活面でも健康面でも有意の格差はない」。目を疑うような結論が書かれていたのである。

《このままでは被爆の真実が覆い隠されてしまう。偽りに満ちた政府の原爆白書に対して徹底的に反証するためにも、被爆者の証言運動が必要だと痛感した》という鎌田定夫の言葉に、創設の動機をみることができる。

設立の翌年、69年にタイプ印刷の小冊子、『長崎の証言』を創刊。70年以降は本格的な印刷物になった。季刊の時期もあったが、現在は年刊の、『証言　ナガサキ・ヒロシマの声』として毎年10月頃に刊行している。証言誌の刊行は2016年で73冊、48年間の愚直なまでの証言収集作業の積み上げである。『証言』20年時の新聞は、

《被爆者の被爆体験や生活史を手記や聞き書きの形で収録し、核兵器をめぐる世界の動向にも被爆者の視点から論考を加え続けてきた「長崎の証言」が今年、創刊20周年を迎えた。被爆地・長崎で幅広い被爆者、市民に支えられながら、持続的な証言運動を展開してきた同「証言」の意義と実績は計り知れないほど大きい》（長崎新聞・高橋信雄）

と書いた。いまも高齢の会員（被爆者）が、病を抱えながら修学旅行生に被爆遺構を案内したり、

体験を講話したりしている。

　こうした、「ナガサキを伝える」地道な業績に対し、これまでいくつかの表彰があった。新しいところでは、２０１０年、日本平和学会の「平和賞」がある。同会は、40年余の証言活動を「不撓不屈の志」と称え、「証言活動を通じて形成された原爆認識こそが、日本における反原爆・反核運動の揺るがざる基盤を成してきた」と継承活動を評価した。

　民間の『証言』誌にならぶ労作が、長崎市による『長崎原爆戦災誌』（全5巻）だろう。第一巻の総説編から、順に地域編、続・地域編終戦前後編、学術編、資料編で、各巻ページが5センチ前後もある大冊である。刊行は１９７７年（昭52）から85年（昭60）まで8年を要している。被爆60周年事業として、利用度の高い「総説編」の改訂版が刊行された。総説だけに、長崎開港からの歴史、原爆投下、被害状況、救援・医療救護、復興、慰霊など多岐にわたる。また、被爆70周年事業でその改訂版の英語版が16年に刊行され、在日大使館などに配布された。

『長崎の証言』創刊号=1969年、「長崎の証言」刊行委員会

（2）被爆2、3世

健康面と精神面の不安

被爆2世とは、両親またはそのどちらかの被爆者を親にもち、1946年5月以降に生まれた子どもをいう。

意外なことに被爆者である親は、その子にあまり体験を語っていない。しかし、寡黙な被爆者である親をいちばん近くで見てきたのは、被爆2世である。親と同じように、核という巨大な不条理を、わが身をもって訴えることができる。2世は、現在数的には親よりはるかに多い。親が語ることのできるうちに聞き取って記録を残さなければならない。残された時間はかなり厳しい。

2世自身は、いろいろな不安や問題を抱えている。まず健康への不安である。放射能の遺伝的影響があるのではないか、親と同じ病気になったときの健康面と精神的な不安、親が受けたような社会的差別や偏見などである。放射線が白血病の発生に遺伝的影響を与えているという動物実験での証明はあるが、人への有無はまだ解明されていないという。ただ、癌や白血病などになりやすい体質を受けていることは考えられるとの指摘がある。

日本では被爆による精神的影響にまでは、あまり踏み込むことがなかったために、被爆2世の「心の問題」についての研究が遅れているともいわれている。

被爆者の高齢化という状況から、長崎平和推進協会の継承部会は、部会員による班活動の一つとして「後継者班」を１９９６年４月に立ちあげた。「ようやく結成にこぎつけた」と被爆２世の丸尾育朗は、その間の経緯を述べている。

「30代から50代の18人で後継者班を結成しました。結成に先立って会議をしましたが、被爆者から真っ先に出されたのは『自分の苦しみは（他人には）わからない』でした。そう言われたとき、苦しみを共有するために、私たちに再び被爆者になれ、と言われたように聞こえたという人もいました。そのことで入会を拒否した人がいました。しかし、だからといって何もしないでいいのか、などという論議の中で何とか結成したのです」。私は97年６月に後継者班に招かれたとき、「継承は必ずできます」と強調した覚えがある。

こうした状況からも予想されるように、後継者班は２００１年９月に班活動を停止した。しかし、彼らはそれまでの経験を生かして、それぞれが所属する団体の中で、被爆遺構を案内したり、親からの体験を聞き取って証言集を発行したりしている。

長崎、広島、東京などの19団体で構成する「全国被爆二世団体連絡協議会」（崎山昇会長、２０１６年４月）がある。被爆２世の現状を人権問題として活動していく方針を示している。被爆２世もまた、組織の強化・拡大という問題を抱えている。

この問題に関連して、日本被団協が、結成60年記念事業の一環として、初めての被爆２世に対する全国調査を開始した。２０１７年夏を目途に専門家による分析を終え、科学的データとしてこれからの被爆２世の援護などに活用するという。

被爆3世の高校生平和大使=インターネット画像

「高校生一万人署名活動」

被爆者の祖父母をもつ3世は、2世とは多少ちがって、おじいちゃん、おばあちゃんと孫という関係からか、語る方は語りやすく、聞く方は聞きやすいようである。長崎発の新しいタイプの平和活動である「高校生1万人署名活動」や「高校生平和大使」に関わる高校生が、「私は被爆3世なので~」と発言することがめずらしくない。被爆者や時としては被爆二世が、被爆者や二世であることを隠さなければ生きていけなかった過去の一時期を思えば、まさに隔世の感がある。

その高校生たちは広島、長崎の被爆者のみならず、韓国やブラジル、アメリカの被爆者の証言を自分たちでＤＶＤに記録・編集し、貸し出しを行っている。世界にナガサキを伝えたいと意気盛んである。

(3) 非被爆者

「平和案内人」の募集

被爆80年になると被爆者の平均年齢は90歳を超える。生き残ってはいても活動はむずかしい。したがって、被爆者ではない人たちにどう語り継ぐかという古くて新しい課題が、各方面で取り上げられることになる。次はいよいよ圧倒的多数の非被爆者の出番である。

長崎市では「平和案内人」の募集が2004年に始まり、2005年に活動を開始した。被爆者も若干含まれてはいるが、殆どは非体験者で構成されている。被爆者の思いを引き継ぎ、次世代に伝えていくために、原爆資料館内の案内や爆心地周辺の浦上地区にある被爆遺構や慰霊碑などの案内を目的とした、長崎平和推進協会が育成するボランティアガイドである。

若者にもできる「原爆を伝える手段」としてガイドの方法を学びたいとか、原爆について学び直したいといった気持ちを持って研修を重ねてきた。いざ活動してみると、子どもたちに祖父母の時代の現実感をどうやって伝えたらいいかという悩みや、体験していない人間が伝える難しさを感じるという。また、案内するのは修学旅行生が殆どなので、身近な地元の子どもたちに伝える活動をしたいという声も聞かれる。2015年で6期生のガイドが受講しているが、ここでも中高年に比べて若い世代が少ないのも課題である。

「ナガサキを伝える」という長いスパンの年表をイメージすれば、被爆後70数年というほんの短い一時期が終わろうとしているにすぎないと考えることもできる。継承問題の本番は、これからだと考えることもできるのではないだろうか。

（4）継承の担い手としてのマスコミ

「長崎は証言する」

とりわけ被爆地のマスコミは、被爆体験を原点とした核兵器廃絶の声を報道し続けることが責務である。可能な限りナガサキを書き残す、映像を残す、音を残す。その能力をどこよりも持っているからである。

ＮＢＣ（長崎放送）は、１９６８年（昭43）11月に、ラジオ番組「被爆を語る」をスタートさせた。番組を立ち上げ自ら担当した伊藤明彦は、会社の事情で番組を降ろされたこともあって71年に退社した。以降、自費で、しかも会社のバッジのないやりにくい立場で、被爆証言の取材活動を続け、１０００人を超える生々しい証言を録音した。そのカセットテープやＣＤ作品を全国各地の資料館や図書館に寄贈した。取材のプロが残した膨大な被爆者の声は、これからますます真価を発揮する遺産になるだろう。09年に72歳で亡くなった。長崎市の勝山小学校（現・桜町小）６年生の時は、私の隣の学級にいた。6年生にしては大柄でがっしりしていた。著書『未来からの遺言』に、「四十歳をすぎて妻なく子なく職なく家なき状態」で、8回の冬を火の気なしですごした、とさらっと書いているが、まさに赤貧洗うが如しだったことを想う。

「長崎は証言する」と番組名は変わったが、今も放送は続いている。番組の責任者は、「戦争も知らずに育ってきた若い記者が、この番組を通して人間の生きざま、戦争の悲惨さ、被爆者の深い悲しみを学び記者としての幅が広くなる。記者一人ひとりが育つことで、会社としても被爆の記憶を継承し続けていくことにつながる」と述べている。

取材中の伊藤明彦=長崎放送提供

「忘られぬあの日―私の被爆ノート」

地元紙「長崎新聞」は、1996年（平成8）2月1日に「忘られぬあの日―私の被爆ノート」という聞き書きの連載を始めた。2016年7月21日で連載は1000回になった。掲載期間は20年を超えた。「あの日」長崎の街で起こった原爆被害の状況を明らかにすることがシリーズの目的だ。タイトルからも分かるように、「生き延びた人々の証言記録ではあるが、その人の周りの爆死者や死没者の存在をも記録しうる」から、「理不尽さを告発する墓碑銘である。被爆者の

（左）「私の被爆ノート」1000回の長崎新聞、（右上）「ナガサキ　ノート」3000回の朝日新聞、（右下）「ヒバクシャ」10年目の毎日新聞

最後の一人まで続ける」と担当者は決意を語っている。

全国紙では朝日新聞長崎総局が、2008年8月10日から毎日、「ナガサキノート」を連載している。2017年1月18日に連載が3000回を迎えた。若い記者たちの取材を受け、紙面に登場した被爆者は279人。この間、亡くなった被爆者も少なくなく、体験を語る機会が以前より減ったり、語れなくなった被爆者も目につくという。

もうひとつの全国紙、毎日新聞は、2006年秋から西部と大阪本社の共同で春・夏・秋・冬の4回、記録報道「ヒバクシャ」を連載している。16年秋に209回、10年目を迎えた。特定の被爆者たちを季節を追って、その生きざまを報道している。

新聞だけではなく長崎のテレビ各局

も、特に原爆記念日前後には、独自の企画でナガサキの想いを継承している。

(5) 被爆した外国人

「在外被爆者」

つい忘れられやすいことだが、前記(1)から(4)には、当然、外国人が含まれる。韓国・朝鮮、中国、オランダ、イギリス、などの外国人だ。被爆者は日本人だけと思っている子どもたちもいる。広島、長崎で被爆した後、日本国外で居住している人たちを「在外被爆者」という。

在外被爆者のなにが問題か。それは、たしかに広島、長崎で被爆した被爆者だが、外国に移住したとたん、被爆者としての地位を失う、とするかつての国の誤った措置のために、当然受けるべき援護を長年受けることができず、放置されてきたことである。裁判に訴えなければ在外被爆者問題は一歩も進まない状況をつくったのは、国をはじめとする行政の無理解と怠慢であった。「被爆者はどこにいても被爆者」と、市民運動の合い言葉を裁判官が口にするまでに、どれだけの在外被爆者が命を奪われたことだろう。

厚労省は、在外被爆者の実数を把握していない。被爆者健康手帳を取得することができた限られた人数を在外被爆者数とみなしているにすぎない。それによると、厚労省が把握している在外

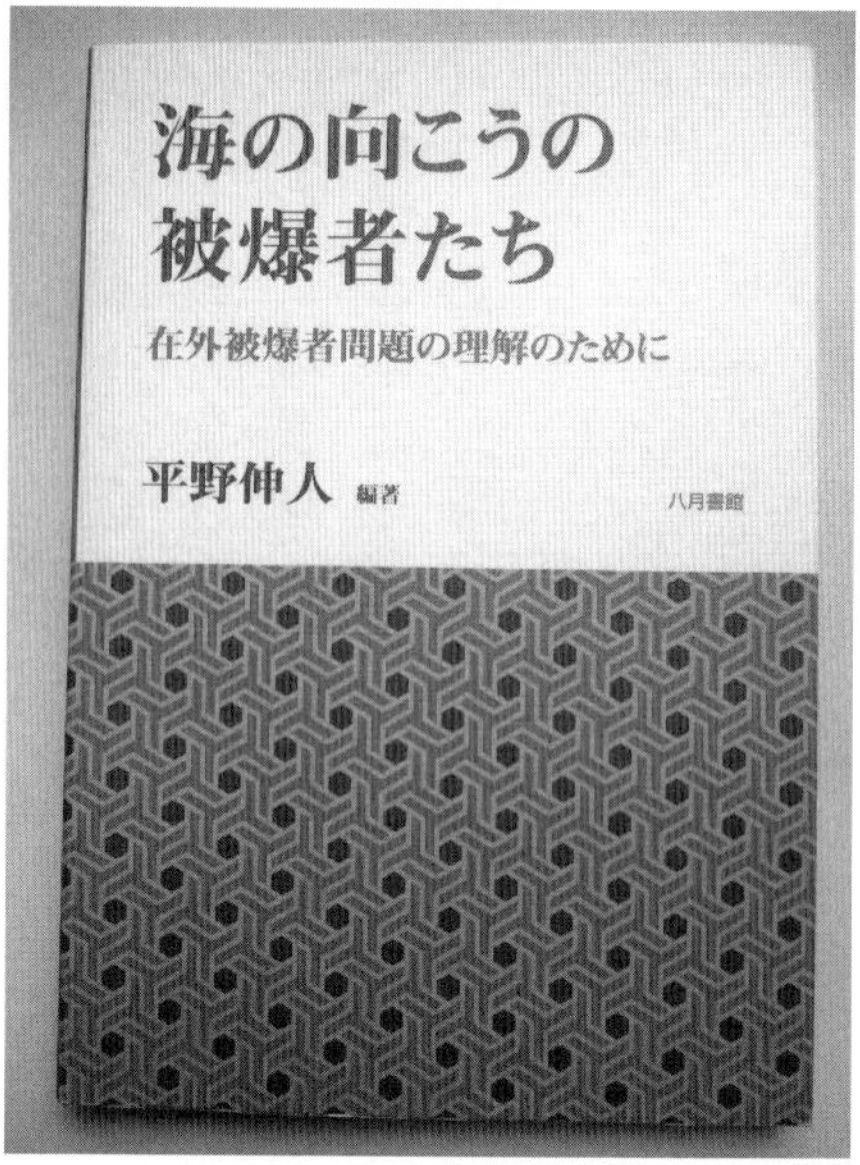

『海の向こうの被爆者たち』=2009年、八月書館

被爆者の居住地は、およそ30カ国にも及び、２００４年（平成16）は３５３０人、16年（平成28）は３３８９人となっている。したがって被爆者数はこれよりかなり多くなるはずである。手帳所持者のなかでも韓国に居住する被爆者が約７割と、当然のことながら圧倒的に多い。

市民運動の成果として、被爆者健康手帳を在外公館で申請し取得することが可能になった。しかしながら、救済されるべき多くの在外被爆者が、高齢や病気による生活苦に命を削られながら、救済の一日も早からんことを願っている現実がある。まだ解決されるべき在外被爆者問題は残されているのである。

ナガサキに学ぶ留学生

また、海外からの留学生の中には、例えば立命館アジア太平洋大学のように被爆者の体験を聞き取ったり、説明を受けながら被爆遺構を回ったりして、ナガサキを学んでいる少数の若者もいる。核実験で汚染された村で生まれ育ったという留学生が、日本の生徒にその実態を伝える資料作りをはじめているとの報道もあった。それぞれの核被害を語り継ごうとしている外国の若者の小さな行動にも目を向けたのである。

(6)「沈黙の語り部」被爆遺構や被災樹木

山王神社の被爆くすのき

樹高の半分を原爆に奪われるなど満身創痍ながらも、なんとか樹勢を取り戻し、必死に立っているのが、山王神社の被爆くすのきである。民家の被爆「柿の木」や城山小学校の「カラスザンショウ」も、被爆を語る。浦上天主堂の鐘楼ドームは、爆風で飛ばされ川に滑り落ちた大型の遺構である（これを長崎出身のジャーナリスト高瀬毅は、「もう一つの原爆ドーム」と表現した）。爆心地公園に立つ6メートル余の中心碑を、でっかい人差し指が、上空を指さしているとイメージすれば、「この上だよ！」という声が聞こえよう。聞く耳を持てば、遺構や碑たちは、重い口を開くのである。

被爆直後の山王神社のクスノキ=『広島・長崎　原子爆弾の記録』（1978年、子どもたちに世界に!被爆の記録を贈る会）

諸問題

（1）被爆体験を伝えたい人たちの「受け皿」

被爆者の高齢化はますます進んでいる。同じ1年、365日も、若い人と高齢者では感じる時間の流れの速さが違う。20歳の若者は、時速20キロで1年間を過ごす感覚だが、平均年齢80歳を超えた被爆者は、時速80キロ以上のスピードで時の流れに乗っている感じだ。だから焦る。「被爆者がいなくなったら、あとはどうするんだ」という声は、かなり前から出ていた。つまり、「受け継ぐ活動」を希望する人たちの受け皿をどうつくるかということである。

近年、後を継ぎたい、という人たちの組織化が少しずつ広がりを見せていた。比較的早い段階では、前出の1983年に被爆医師の秋月辰一郎らが発起人となり設立された半官半民の組織である、（現）公益財団法人の長崎平和推進協会がある。名称にいうとおり、平和推進を目的とした事業推進のための4つの部会がある。国際交流部会、写真資料調査部会、音楽部会、そして被爆者で構成される「継承部会」である。その継承部会だが、2016年現在、部会員は44名、健康上の理由で全員が常時活動できる状態にはない。被爆者による〝語り部〟活動は間もなく限界に近づく。

原爆資料館に隣接して「国立長崎原爆死没者追悼平和祈念館」がある。追悼空間には、

16万８０００人を超える原爆死没者の名前が安置してあり、５０００人を超える遺影も登録されている。被爆体験記は約４万６０００編保存されており、公開している。世界各地での「原爆展」とそれに同行する被爆者の派遣など国際交流に特徴がある。平和をテーマとする市民向けの講座やボランティアによる被爆体験の継承活動などに、館内の交流スペースが活用されている。

被爆者の体験を「伝えたい」人たちの伝え方や何を伝え、どう発信するかは組織ごとに当然異なっていて多彩だが、知り得た範囲で活動している団体を列挙してみる。

平和案内人、さるくガイド、各組織内の被爆二世の会、青少年ピースボランティア、高校生1万人署名活動実行委員会、高校生平和大使、ナガサキ・ユース代表団、朗読ボランティア「被爆体験を語り継ぐ永遠の会」、「紙しばい会」などである。「永遠《とわ》の会」は「９日を忘れない」として毎月９日に朗読会を開催したり、追悼平和祈念館内に常駐して朗読を行ったりしている。「紙しばい会」は、長崎平和推進協会継承部会と平和案内人の有志が２００７年に設立した。毎年新作を含む紙しばいの発表会をしている。

5つの新作が発表された第9回紙しばい発表会＝(2016.7.31)(山口政則氏提供)

こうしてみると一見、問題解決に見えるかも知れないが、現実はそう甘くない。受け皿はいくらかできたが、これから継承活動に関心を持ってもらえそうな非体験者の総数は、あまりにも少ないのである。継承部会をはじめ各組織はより多くの人手を必要としている。

また、各組織の独自性を維持しながら、横に手をつなぐような相互のつながりが必要ではないかという声が出始めている。右の2、3の会が「まずは顔合わせを」と合同会をもち連携の可能性を探る協議を始めている。この動きが広がれば、いずれ長崎平和推進協会かどこかが、連絡調整といったセンター的な役割を担うことが求められるようになるだろう。

(2) 被爆者間の意識のずれ

「被爆者にはランクがある」と、よく知られた被爆者が、会議のなかで発言して息を呑んだ。何をもって、そしてなんのために「被爆者のランク」づけをするのだろうか。

一見して被爆者とわかる被爆の痕を残した人や見た目には被爆者とわからないが、ずっと「あの日」から病魔に苦しめられている人、そのどちらでもない被爆者を見るとき、ランク付けをしたい気になるかも知れないことは、分からないでもない。

あの人が被爆したのは、爆心地からどのくらい離れていたのか。自分の被爆地点より爆心地に近いのか遠いのか。身内の多くを原爆に奪われたのか、みんな無事だったのか。こうした被爆の状況や苦難に充ちた戦後の暮らしぶりなど口には出さずとも、お互いに胸の内では場合によっては、意識することがあるのかも知れない。

「うちは、あん人たちのごと、ひどかめにおうとらんけん」(私は、あの人たちのように、酷い目には遭っていないから）。まだ人前で被爆体験を語っていない被爆者に、「語り部」になるよう勧めるとき、よく聞かされたことばだった。これも自らをランクづけしていることばである。逆に、「たいした被爆もしていないくせに」との陰口も聞く。あたかも体験の悲惨さ比べである。

長崎原爆とは何だったのかをトータルにとらえようとするとき、まだものいわぬ被爆者たちの占めるべき場所は、空白のままだというイメージが必要だろう。何十年も語り続けている被爆者たちは、それぞれの被爆地点に位置づけられている。私も4・3キロ地点に収まっている。生きているのが奇跡だとしかいえない至近距離にあった被爆者も、4キロや8キロといった〝遠距離〟で何が起こっていたかは、わからないのだ。被爆地図には、まだ空白が多く残されている。

ジグソーパズルのピースをすべて埋め尽くしたとき、長崎原爆や被爆の全体像が見えてくるのである。「あん人たちのごと、酷か目に遭うとらんけん……」と、語ることをためらっている被爆者にも、役割は間違いなくあるのだ。原爆被害に軽重はあるが、価値ある被爆体験とか、取るに足らない被爆体験といった価値判断は無用である。

永井隆の「浦上燔祭《はんさい》説」

被爆者間の意識のずれを語るとき、長崎の特殊性として、浦上の被爆者たちに言及すべきだろう。「原爆は（長崎ではなく）浦上に落ちた」とのいい方がある。諏訪神社のある旧市街地から北に外れた浦上地区は、キリシタンの里だった。250年に及ぶキリスト教禁制が解かれても、浦上の信徒たちへの目は、とりわけ戦時には冷たかった。「キリスト教主義」ということばをミッションスクールは軍部に削除させられ、キリストか天皇陛下か、と無茶な選択を迫られたりもした。

神社に参拝せず敵国の宗教を信じる浦上信徒の犠牲は、「原爆は天罰だ」と片付けられるのである。

「浦上の聖者」と称された永井隆（旧長崎医科大学教授）は、１９４５年11月23日、被爆後初の浦上教会の合同慰霊祭で、信徒代表として弔辞を読んだ。浦上の被爆を永井隆はどう捉えたか。永井の弔辞から高橋眞司（長崎大学名誉教授）は次のような見方を示した。

『続・長崎にあって哲学する』=2004年、北樹出版

１　原爆を「神の摂理」（神様の思《おぼ》し召《め》し）とみる。

２　犠牲者を「汚れなき子羊の燔祭」（生贄《いけにえ》）とみる。

３　生き残った被爆者は「神が与えた試練であり、神に感謝」すべきと説く。

永井隆の考え方を「浦上燔祭説」と名付けた高橋は、この説が戦争責任と原爆投下責任の二重免責をもたらすもので、結果としてＧＨＱ（連合国軍最高司令官総司令部）、米政府の対日政策にかなうものだったとの批判を展開している。

被爆医師で信徒の故秋月辰一郎は、１９６０年代に早くも永井の説には「ついていけない」と述べたといわれる。被爆者で詩人の山田かんは、「反人類的な原理をおおい隠すべき加担にほかならなく、民衆の癒しがたい怨念をそらし慰撫する、アメリカの政治的発想を補強し支えるデマゴギー」と批判、社会的歴史的視点の欠落をついた。

こうした批判に対する反論が当然なされた。片岡千鶴子長崎純心大学長は、「原爆天罰論」を退けるために信徒に向けられた信仰上の発言だと反論。キリスト教徒の本島等元長崎市長は、苦しみのどん底にあった浦上信徒を激励し、みんなが一致して教会を再建するためには、あのようにいうしかなかったと擁護した。

若手の研究者四條知恵は、1981年にローマ教皇ヨハネ・パウロ2世が、広島・長崎を訪問したときの「平和アピール」に注目した。かろうじて生き残った浦上信徒たちは、身内の原爆死は神の御心であり、神に捧げられたのだから感謝しなければならないという永井の言葉に、異を唱えることなどできなかった。しかし、法王は「戦争は人間のしわざです」といわれた。浦上信徒が沈黙を破り、永井の影響から抜け出して大きく変わるのは、そのことからではないかということを多くの資料から実証を試みた。

永井隆は、ナガサキのなにを語り伝えたのか。この議論の意義は、《日常とかく表層的に捉えられがちの被爆問題について、原爆投下と戦争責任、それへの人間や宗教のかかわりを改めて問い直させる論争といえよう。決してそれは不毛の論議ではあるまい》（特定非営利活動法人ピースデポ）というところにあるように思う。

（3）被爆者と非被爆者（後継者）間の意識のずれ

「伝えてほしいが、あの悲惨さは原爆を受けた者にしかわからない」「被爆をしていない人に何が語れますか、できるわけないでしょう」という思いをもつ被爆者がいる。被爆者の思いを受け継ぎたいと行動を起こしたとき、「体験もしていない若者が、何を知ったかぶりをしているのか」という被爆者の厳しい、というか心ない言葉で傷ついた若者の事例もある。

「あの日」と、その後のあまりに苦難に充ちた生活体験が、こうした絶望的な言葉を絞り出させるにちがいない。こういったショッキングな言葉は、被爆者の苦痛と苦悩がどれほどのものだったか、想像することを迫る。被爆の実相についての無知、被爆後の生きていく心身の苦痛に対する無理解、被爆直後と現在の生活スタイルや環境の激変。こういったことからくる両者の意識のずれ、溝はあまりにも大きい。

意識の深いギャップで誰しも想起するものに「沖縄と本土」の問題がある。米軍関連の事件に対する報道が、沖縄の2紙と全国紙の扱いがまるで違っている事例は少なくない。沖縄で多発する事件、事故が、〝本土〟で起きていたら大問題として大きく取りあげられるに違いない。同じように、被爆地と非被爆地間の溝も大きいといわざるをえない。

ところで、被爆を体験した者でないと、語り継ぐことができないとすれば、継承は不可能ということになる。非体験者（後継者）は、ほんとに伝えることができないのだろうか。そうではない。私は、日露戦争を体験していない。しかし、激戦のなか奇跡的に生還した一兵士より今の私のほうが、膨大な関連資料によって戦争の全体像や実戦の詳細を知ることができる。体験はなくても継承は可能である。ただし、「伝えたい」という熱い（ナガサキの）心が不可欠である。これが欠落すれば、ただの物知りである。

では、「被爆者と非被爆者」、「語る側と聞く側」、「伝える側と受け継ぐ側」の意識のずれ（溝）、とてつもなく大きな温度差は、どこからくるのだろうか。先の日露戦争の例で考えてみると、私が伝えるために依拠するのは、歴史書や統計の数字や体験談や写真や絵などである。何時間語っても語り尽くせない知識を手に入れることができる。ただ、ここに欠けているものがあることに気づく。そこに気づかされたのは、青来有一の次の一節からだった。

《あまりの惨状に精神はただふらふらとゆらめいて、かろうじて口から発せられるのは、「あゝ」という言葉にならない言葉。妻の名を呼び、子の名を呼んでもだれも答えはなく、どうしても口からもれてしまう「あゝ」。悲嘆も、怒りも、後悔も、絶望も、言葉にならないまま宙につるされた空白の表出。思えば原子野でどれほどの人々が「何のこたへもない。あゝ」と心中でもらしたであろうか》（『松尾あつゆき日記』発刊に寄せて）。

私たちが、知り得た知識を、ありったけの想像力でカバーしなければならないということである。青来がいうように、一兵士は、言葉にできない「あぁ…」というはらわたからの深いため息や嘆きをもらしたであろうということをである。被爆者が「あんたたちに何がわかっか！」と鋭い言葉を口にするのは、ことばにならない苦渋ではないか。

自然災害や人災で甚大な被害が起こったさいなどに、「被災者に寄り添う」という表現を目にする。被爆者が「わかってもらえない」と半ば諦めているかも知れない「苦しみ」や「痛み」、そして「あぁ」を、どこまで自分にたぐり寄せることができるかである。

これは両者の協働作業にかかってくる問題だ。いまのところ伝える側の一方通行になっているようにみえる。聞く側にも相応の努力、つまり受け身で聞くだけではなく、ありったけの想像力を使って聴く努力が求められる。アインシュタインは、「想像力は知識よりも大切だ。想像力は世界を包む」といった。想像力を駆使すれば非体験者も「あの日」を理解できるに違いない。「心の被爆者になる」という言葉があるが、そのあたりのことを表現しているのだろう。

「受け継ぐ者」が若い世代の場合について、早稲田大学水島ゼミの報告に次のような記述がある。

《若い世代は、決まりきった切り口や枠の押しつけを生理的に嫌う傾向がある。「体験」を次世代に継承していく仕方や手法について、若い世代の感性や感覚に依拠した取り組みが求められる所以である。その際、「個人としての被爆者」という視点が大切だろう》

と指摘し、

《人間的共感を生むような「体験の継承」をいかにしておこなっていくかである》

と提起する。

（4）後継者としての若者たち

なんといっても後継者としての若者の量と質の問題である。

世の中の、たとえば政治や社会の動きに関心を持たない若者が多いといわれて久しいが、この無関心層は確実に増えている。

私が担当していた高3の女子高生が、レポートにこんなことを書いていた。どの教室でも見かける普通の生徒だった。

《夏休みに東京に行ったとき、友だちに「長崎では8月9日は登校日だよ」と言うと、原爆投下の日を知らなかったらしく「変なの」と言われたので教えると、「長崎って戦争のイメージがあるから行きたくない」と言われてショックでした》。

この短い文章に私は三つの「継承」に関わる示唆的なシグナルを見る。まず、東京のフツーの若者は、8月9日が何の日か知らないのが普通だということ。次に、学ぶ機会を保障すれば、学んだことが生かされることがあること。さらに、悲惨で暗いものをなるべく避けたがるのは人の常だから、そこにどう向き合わせるかが問われるということである。

「平和をつくるのは女性の仕事」

「戦争は過去のこと、いまさら関係ないんじゃない?」

「70年も前の昔話をどうしていま聞かなきゃならないんですか?」

といった子どもの情景がある。他者の痛みを自分のこととして共有できないとの指摘もある。これを裏付けるように、1997年のある調査では、「原爆投下は絶対許せない」を肯定した中学生・高校生・大学生の平均は38・7%だった。大量無差別に殺傷する核兵器の使用を、なぜ「絶対許せない」と思わないのだろうか。「やむをえない」と容認するのが42・2%とは。被爆者が「絶対許せない」と答えた72%にも頭を抱えてしまう。100%にならない被爆者の複雑な胸の内にわだかまっているものはなんだろうか。

原爆投下をどう考えるか、といった設問には、たいていの世論調査で男女差が顕著に見られる。多くの場合「非人道的で許せない」を選択する割合が高いのは、女性のほうだ。総じて平和志向が強いのは女性であり、「平和をつくるのは女性の仕事です」と言ったジャネット・ランキン（米国初の女性国会議員）の言葉になるほどと思う。日本人は「やむをえない」「しかたない」とあきらめる傾向が、諸外国の人より多いという見方があるそうだ。

「過去のできごと」は若者に関係ないか

次に若者の情景を紙面で拾ってみる。

「被爆者の話を聞けば聞くほど、わからなくなる」

「平和学習で被爆の実態を学んできたけど、実感がわかなかった」

おそらく「あの日」の想像を絶する状況を写真で見せられたのだろう。しかしそれは、いまの自分とは関係のない過去の日のできごとにすぎないのだ。だから、そんな時代に生まれなくてよかったという感想になるのだろう。ただ、核戦争と同列に論じられないかも知れないが、たしかに、いまの大人が日露戦争の激戦地「二〇三高地」の惨状を聞かされて、過去のひとコマとして片付けず、共感をもって捉えることができるだろうか。

「原爆だけでは同世代の若者になかなか興味をもってもらえない」

「核兵器反対の座り込みなどをテレビで見ても気持ちが伝わってこなかった。一生懸命な姿を見るほどクールになった」

「修学旅行で行った長崎で思い出すのは、まくら投げだけ」

などと手厳しい。

「長崎に生まれ育っているのに、知っていたのは（原爆投下の）日にちだけでした」

という長崎の子もいた。

スマホやパソコンといった電子機器を介しての結びつき。コミュニケーションが苦手な子どもや若者の増加。希薄な人間関係が、「ナガサキを伝える」という濃密な人間関係を要する継承活動に影を投げかけているのは間違いないだろう。弱者の苦悩を自分のこととして共有しようとしない想像力の欠如もある。相手の立場に立って気持ちを推し量ることを学んでいないかも知れない子どもたち。子ども時代に、被爆者の心からの訴えを聞く機会のない子どもたちがどのくらいいるのだろうか。平和問題にどうすれば向きあわせることができるのだろうか。

ドイツの若者、日本の若者

外国の若者はどうか。長崎に「岡まさはる記念長崎平和資料館」という民営の施設がある。かつて日本軍が、アジア、とりわけ中国や朝鮮でどんなことをしたのかを生々しい資料によって、戦時の加害行為を克明に伝える資料館である。被害の展示が際立つ原爆資料館と対極に位置する。原爆資料館と岡資料館を見ることで、戦争の両面を知ることができる。

実は2006年9月から2011年7月まで年にひとりずつ、5人のドイツの若者がここで受付などの業務に就いた。彼らは国の徴兵を拒否して、その代替業務をするためにやってきた若者たちだ。ドイツは、憲法にあたる基本法で「良心的兵役拒否」を認めている。2011年までで終わったのは、ドイツが徴兵制を中止したためである。5人とも長崎滞在中にいったのは、「どう

三菱兵器住吉トンネル工場跡を訪ねたヤネク=右から3人目、2007年　著者蔵

して日本の若い人たちは、現代史を知らないのですか」だった。ドイツでの歴史学習は、およそ3分の2の時間を使って現代史を学ぶのだという。日本は、「授業ではここまで。あとは自習」と大学入試にほとんど出題されない現代史は、こんな扱いだと聞く。

教材の主たるものは、むかしもいまも教科書である。原爆記述は、検定で絶えず縮小され、投下の事実だけといっても言い過ぎではないくらいやせ細っている。独立を求めて朝鮮全土で起こった「3・1運動」の記述を見ても、かつて日本軍がどんなことをしたのかまったく読み取れない記述になっている。そこにはひとりの死もなく、一滴の血も流れていないのである。事実を正しく読み取ることのできない教科書で学ぶ子ども・若者に、過去の負の歴史に向き合う彼我の姿勢や、

紙面編集・渡邊晩生　（第3種郵便物認可）　長崎新

日本の岸信夫外務副大臣は、非核保有12カ国による「軍縮・不拡散イニシアチブ（NPDI）」を代表して演説し、NPT脱退を宣言した北朝鮮の核開発継続が「NPTや国際的な不拡散体制を弱体化させている」と批判。核兵器や開発計画を全廃し、NPTに復帰するよう求めた。

国連のケイン軍縮担当上級代表も、北朝鮮を念頭に「NPT非加盟の国々が規制も受けずに核武装し、核分裂物質を貯蔵している」

心を追求している」と非難

「国際社会は北朝鮮に、さらなる核実験を試みるなら重大な結果に直面すると明確に伝えるべきだ」と訴えた。

わらず、多くの焼き

ンや観光客でにぎわ

5月5日まで。

窯元が軒を連ねる

ユース代表団 始動

各国政府関係者と交流

「核の時代 学び、伝える責任」

【ニューヨーク＝報道部・蓑川裕之】核拡散防止条約（NPT）再検討会議の準備委員会が始まった28日、被爆地長崎から米ニューヨークに派遣された「ナガサキ・ユース代表団」の8人が、各国政府関係者との意見交換など現地での活動を開始した。

県、長崎市、長崎大でつくる核兵器廃絶長崎連絡協議会（調漸会長）が国際貢献できる人材育成を目的に昨年から派遣。8人はいずれも長崎大の学生で女性。

国連日本代表部で同日夜あった各国政府関係者との交流会では、広島出身の西田千紗さん(19)＝医学科2年＝が英語でスピーチ。約150人を前に「核兵器をつくり、使ったのも人間、それをなくすのも人間」という被爆者の言葉に自らの

思いを重ね「核の時

きる私たちは学び、

責任がある」と訴え

席した準備委員会議長の

ケ・ロマン・モレイ

ルー）は「素晴らし

ーチ」と称賛した。

新崎《あらさき》さくらさん(

育学部2年＝ら4

の日本人学校を訪

生約20人それぞれ

平和と、実現への

いて話し合った。

初日の活動を終

理子《りこ》さん(21)＝経

年＝は「核問題に

世界の非政府組織

の意欲的な活動に

出会いを通し多く

吸収したい」と話

8人は5月上旬

本会議の傍聴やN

の公式イベントに

ほか、欧米の学生

との共同企画で各

係者と意見交換す

ナガサキ・ユース代表団=2014.4.30の長崎新聞

そこに起因する歴史認識の差が生じるのは至極当然であろう。受け継ぎたいという若者の絶対的不足とならぶ質的側面の劣化を、歴史教育や教科書は招いているのではないか。

ドイツではヒトラーのナチスドイツを想起させる言動、たとえばナチス式の敬礼をしても処罰の対象になると兵役拒否の若者が語っていた。各種スポーツ大会で、右手を斜め上に挙げて、「宣誓っ！」と声を張り上げる日本の若者の姿は、ドイツの若者の目にはどう映るのだろうか。日本の観光案内の地図に卍を見たとき仰天した、というのには笑ったが、「宣誓っ！」のほうは、笑えない。

ジョン・レノンのことば

いっぽう、長崎発の高校生のユニークな平和活動（1998年からの高校生平和大

使、２００１年からの高校生1万人署名活動）は、国連欧州本部でも認知される存在になっている。ここまで育つまでに彼らが流した汗と涙もさることながら、多くの大人たちの地道なサポートも見逃せない。指導者の平野伸人は、「高校生と大人の絶妙なバランス」という。地道なサポートのひとつが、五島市の藤原良子（78歳、２０１６年）の千羽鶴である。藤原は２０００年に折り始めてから、高校生平和大使に託した千羽鶴は20万羽を超えた。ほぼ毎日折り続けているという。

大学生の動きも出ている。ナガサキ・ユース代表団である。これは長崎県、長崎市、長崎大学で構成する「核兵器廃絶連絡協議会」が主催する人材育成プロジェクトで、長崎在住の大学生や院生が、核や平和の問題を国内外の現場で実践的に学んでいる新しい動きである。

初めて平和活動をした3人の若者たち＝毎日新聞社提供

10数年前のことになるが、印象に残る小さな平和活動があった。組織とは無縁の3人の学生が、生まれて初めて平和活動をした。イラク戦争の２００３年だ。３人は鹿児島、岡山、広島と県外出身の長崎大学環境科学部の学生だった。一軒家を借りて共同生活をしていた。環境や平和を話題にすることが多いことから、その思いを形にしようと活動に踏み切った。私の世代は横断幕だが、彼らは、でかいフラッグだ。そこに希望をイメージした空を飛ぶ女性の絵と、「もし君が本当に願うなら戦争は終わる」というジョン・レノンのことばが書かれていた。ひとりがアフリカの民族打楽器の太鼓を叩きながら、3人は繁華街を通って長崎駅までデモ。それから駅前の高架広場で超ミニコンサート。

たまたま飛び入りで〝賛助出演〟の院生が、スペイン民謡の「鳥の歌」をチェロ演奏。パブロ・カザルスが「（カタルーニャ地方の）鳥はピース、ピース、ピースと鳴きます」と語り、国連本部で演奏した曲だった。

それから12年。2015年の「長崎の証言の会」の『証言』誌の表紙を飾ったのは、その後も長崎にのこり、田舎暮らしをしながら絵も描いている鹿児島出身の桑迫賢太郎だ。学生のとき、ボランティア活動で経験したカンボジアが平和の原点だとか。彼には『絵本　日本国憲法前文』がある。こうした、眉をつり上げず、自分流の平和活動が、誰にでもできる息の長い継承活動のお手本のように見える。

（5）マスコミ

伝えることを生業《なりわい》とするマスコミは、継承の重要な担い手である。しかし、このところ権力の監視を第一の使命とすべきマスコミの腰が引けている実態が目につく。「政府が右というのを左とは言えない」という趣旨の発言を臆面もなく言い放つトップをいただくNHKのニュース番組を筆頭に、政府・与党の広報紙かと見まがうばかりの新聞まで、かつての戦争報道のように真実を犠牲にしているのではないかと危惧する。

例えば、8月15日はすべての新聞が、もれなく「終戦記念日」に因んだ社説だが、12月8日（アジア・太平洋戦争開戦の日）を社説で取り上げるのは、極めて少ない。「開戦の日」を社説で書いたのは、2015年を見ると長崎新聞、中日新聞（東京新聞）、毎日新聞だけである。終戦（敗戦）という結果は書くが、開戦という原因は書かない。被害は書くが加害は書かない。さらに言えば、8月15日に天皇はマスコミに登場するが、12月8日に見かけることはない。8・15と12・8の扱いは、あまりにもバランスを欠いている。マスコミは、なぜ「開戦の日」を避けるのか、である。

2013年(平成25年)12月8日 日曜日 総合 (2)

論説 (2013-12-8)

開戦の日に

不戦へ声を上げ続けよう

戦争末期の中国人強制連行は、戦闘の中で捕虜になった中国人兵士を日本に連れてきたわけではない。日本政府が労働力不足を補うため、戦争相手国である中国の国民を移入する策として、時の東条英機内閣が閣議決定して実施した。敵国との間で労働力の融通が成り立つはずがないと思えるが、中国も了解した。

ただ、政府が了解を得た相手とは、日本かいらいの汪兆銘政権だった。それでも当時、順法の段取りを踏んだ瑕疵(かし)のない国策だった。もちろん後世の歴史には、連行された約4万人のうち6800人以上を死なせた暴挙として記されている。県内の炭鉱でも約千人が働かされ、100人以上が死んだ。

1941年12月8日の日米開戦から72年の節目を迎えた。韓国の併合、旧満州の占領へと進んだ日本は37年、対中戦争を始めた。さらに41年の真珠湾攻撃で始まった戦争で、国内外が悲惨な戦場となり、45年の敗戦までにおびただしい数の国民の命が失われた。

戦前の国内を見ると、治安維持法(25年)、国家総動員法(38年)などを通じた統制強化によって国民の自由は狭まり、新聞など言論機関も非力のまま、戦争は拡大した。そこで「暗黒の時代だった」とされるわけだが、留意しなければならないのは、そうであっても政府の方針決定や政策は、どれも当時として合憲、順法だったということだ。

現代から振り返れば不合理が明らかなことも、当時は正当な手続きを経た行為であり、その時代は成り立っていた。日本の戦争の場合、その先に待っていたのが破滅的結末だった。

政府は、戦後50年の村山談話で「わが国は過去の一時期、国策を誤り、戦争への道を歩んで国民を存亡の危機に陥れ、植民地支配と侵略によって、多くの国々とりわけアジア諸国の人々に対して多大の損害と苦を与えた」として、痛切反省とおわびを表明。談話に対し安倍晋三首は、少なくとも国会答弁は「過去の政権の姿勢を体として受け継いでいく歴代内閣を安倍内閣とも引き継ぐ立場だ」(15日の参院予算委)と述べ公式に肯定している。

「知る権利」が損なわれる恐れがある特定秘密保護法が6日成立した。政府・与党の強引な手法を見てこの政権の今後に不安を

が、13年度予算より4兆円以上多い75兆円程度に膨ら

論説「開戦の日に」の紙面=2013.12.8の長崎新聞

8月のジャーナリズム

「あの日（8月9日）」はローカルだろうか。

というのは、数年に1回、8月9日は全国紙を含む新聞の休刊日になる。なぜ全国一斉に休刊

日になるのかを日本新聞協会に問い合わせると、「休刊日は各社が自主的に決めています」と回答した。ならば奇跡的に一致したということだろう。唯一、休刊日返上で発刊している新聞社がある。被爆地の地元紙、長崎新聞である。全国紙は休刊し、地方紙は発刊する。マスコミは自ら「原爆の日」をローカルと規定しているのである。

２０１０年にＮＨＫが世論調査で、「長崎に原爆が投下された年月日」を問うた。正答の全国平均は、なんと23％だった。若者が８月９日はどんな日か答えられないのが、いまや「あたりまえ」になっている。

全国紙は頑なに休刊日変更を拒むが、変更した前例があった。２００２年２月12日が休刊日だったが、S新聞が出すことが直前に発覚した。すると他社も〝右〟へ習えしたのだ。12日に休刊すれば、11日の「建国記念の日」が報道できないからだ。１年も前から分かる休刊日は、変更不可能ではないということである。蛇足ながら、佐世保市でおこなわれる２月11日の「日の丸行進」は、住民の参加率が高いので全国的に知られているが、先導する横断幕や知名士のたすきには「建国記念日」と、しっかり「の」を省いて、こだわりを見せている。

「８月のジャーナリズム」という言葉がある。８月６日の広島原爆、８月９日の長崎原爆、８月15日の敗戦と、記念日が続く８月のこの時期に、マスコミの平和報道が集中する現象を揶揄する言葉である。このピークの10日間を拡大して「夏」とみることもできる。夏が過ぎると、あたかも毎年の年中行事が終わったように平和報道の熱が冷めてしまう持続性のなさも意味する言葉である。

年中行事のようなマンネリと批判されようと、この時期にマスコミ全体が総力を挙げて、戦争や平和を考えるための素材を読者や視聴者に提供することは、大きな意義があるといえよう。年間を通した持続的な報道をどうするかが、この後に控える課題である。

被爆当時の地層=インターネット画像

(6) 被爆遺構

被爆体験を語り継いでいるのは人間だけではない。被爆遺構は、ものいわぬ被爆者である。被爆地には、樹木を含む被爆遺構や記念碑、慰霊碑、墓碑などがある。

爆心地公園（地元では原爆公園ともいう）に「被爆当時の地層」とよばれる箇所がある。石段を下りていくので、地下にいくような感覚になるが、下りたところが当時の地面である。公園として整備するとき埋め立てたので、いまはその分だけ当時より地面が2～3メートル高くなっている。数千度の熱線で表面が泡立った瓦や黒こげの木材、ペンチ、茶わんのかけらなどが焼けた土の中に点在しているのをガラス窓越しに見ることができる。

「被爆当時の地層」として残す工事中に人骨が見つかったが、その場所に残すことなく、市が片付けてしまった。「ある」のと「ない」のと、どちらがナガサキを語り伝えるかいうまでもない。いまは、川の土手に沿って並んでいた建物の一軒の断面を見ているにすぎない。多くの「人」が、ガラス窓奥の瓦礫の中にそのままいることを想像しなければならない。それにしても公園として整備するとき、行政はなぜこの先の建物の下にあるはずの遺骨の収集をしなかったのだろうか。

瓦礫と化した浦上天主堂遺壁の、ほんの一角がここに移設されてもいる。なぜ元あった場所ではなく爆心地公園にあるのかという経過、この遺構のどこを見落としてはいけないのか、などがポイントだ。

爆心地の防空壕と浦上天主堂残骸はなぜ消えたか

平和祈念像のある平和公園は、かつては長崎刑務所浦上刑務支所だった。鉄筋コンクリートの刑務所の塀の土台部分と建物の土台部分のそれぞれ一部が残されたが、死刑場など多くが埋めもどされた。

観光客の高齢化に配慮して平和公園に登る石段に沿ってエスカレーターが設置されたが、そのためにふたつの防空壕が犠牲になった。爆心地からわずか100メートルの至近距離にあるこれらの防空壕が、米国が核戦争に備える国民保護計画作成の「教訓」にした歴史的意味を持つ防空壕だったのである。アメリカの大都会の地下に次々に設置された核シェルターは、ここから得た教訓を生かした産物だった。防空壕跡ならどこにでもある、ひとつやふたつぐらい……、という防空壕とは意味が違うのである。エスカレーター設置の計画を少し手直しすれば潰さずにすむのだが、いちど決めたら変えない公共事業の悪しき教科書のように、壊すなという市民の訴えは実らなかった。いちど壊せば二度と元にはもどせない。

その典型例が、廃墟となった浦上天主堂の全面取り壊しだった。後世に残す歴史的価値を市議会で何度も表明していた当時の田川務市長が、日本における戦後初の姉妹都市（長崎市と米国セントポール市）提携に伴う40日間のアメリカ招待旅行からもどると、残す価値はないと豹変した。「あのまま残っていれば、広島の原爆ドームどころじゃない」というのが、当時を知る市民のくりごとである。

防空壕跡　エスカレーター直下の壕は潰され、右手の壕は塞がれた=著者撮影

２５０年にも及ぶキリスト教禁制下にあって、信仰を守り抜いた信者たちの献金や労働奉仕によって、30年かけて完成した東洋一の天主堂だった。左右対になった鐘楼ドームのうち、左の鐘楼は爆風で飛ばされ、土手の斜面を滑り落ちて天主堂下の川に転落した。50トンともいわれる重量のため動かすことができなかったのが幸いして当時のままである。現在は付け替えた川の土手に半分ほど埋まった状態になっている。前述したとおり、長崎市出身のジャーナリスト・高瀬毅は、この鐘楼ドームを初めて〝もう一つの原爆ドーム〟と表現した。長崎にも原爆ドームはあったのだ。

浦上信徒の墓地のひとつに白山《はくさん》墓地がある。十字架の墓石に刻まれた八月九日やその直近の死

白山墓地　一家全滅の今村家の墓石＝著者撮影

亡日を丹念に見ていくと、1万2000人の浦上信徒の約8500人が原爆死したことを実感する。戦争末期、犠牲になったのは、幼い子どもたちや女性たちだったことも墓石が伝えている。「原爆死」と彫られているものや「一家全滅」の文字が強烈である。

これまで長崎市は、平和行政の名のもと大型の被爆遺構を次々と取り壊してきた。問題とすべきは、被爆遺構の残し方である。遺構に限らず、文書類、写真や映像など残すべきものは可能な限り残す。これがいまを生きるものの責務だ。価値判断は後生にまかせればいいのではないか。なお2016年10月3日に、長崎原爆の5つの遺跡（旧城山国民学校校舎、山王神社二の鳥居、爆心地、旧長崎医科大学門柱、浦上天主堂鐘楼）が国史跡に指定された。国の財政支援で被爆遺構が保護されるのは、遅きに失したとはいえ、原爆の記憶を未来に引き継ぐための一定の前進というべきだろう。

「バトンタッチ」の握手

被爆遺構の保存に関連した忘れえぬエピソードがある。関西の中学校の修学旅行生を案内したときのことである。

被爆者はやがていなくなる。でも、ここの二の鳥居や被爆くすのきなどを大事に守っていけば、百年後も「あの日」を語りつづけることができる。別れ際にこんな話をして握手した。後日、その中学校の先生から手紙が届いた。

《生徒と話をするなかで、「絶対にあの木を枯らしたらあかんなあ」「鳥居は保存せんとなあ」という声がたくさんありました。その生徒たちに、「別れ際に山川先生が握手のことを握手と言わずに何と言われたか」と尋ねました。そのひと言で数人の生徒が気づきました。「あっ、そうか。いくらそれらのものが残っていても、原爆は恐ろしいと感じ、戦争はあかんと考える人間がおらんとあかんのや」》。

私は握手しながら「これはバトンタッチだよ」といった。その意味を中学生が発見してくれたのである。

「物を残し、人を育てる」。遺構保存問題の核心と展望は、ここにあると思うのである。

第一の柱、「だれが伝えるか」については、「学習を通して誰でもナガサキを継承することは可能である」というのが私の立場であり確信である。私たちは、人類が地球上に現れたはるか昔のことから近現代までの歴史を「学ぶ」ことができる。そのことは、「ナガサキ」を学び語り継ぐことは可能だということを確信させるからである。

第2章

「被爆体験」のなにを伝えるか

3つの具体的な「なかみ」

改めて問われたとき即答しにくいのは、第二の柱の「なにを伝えるか」ではないだろうか。伝えたい「なかみ」は、相互に重なり合っていて、明確に区分できるものではないが、あえて取り出せば実相、思い、英知ではないかと考えている。

(ア) 被爆の実相：原子雲の下で人間のいのち、暮らし、環境はどうなったか。いまを生きる者の責務として、可能な限りの被爆証言や克明な諸調査、さまざまな資料などによって原爆とはなんだったのか、原爆は人間になにをもたらしたのかを明らかにする。「あの日」起こったできごとの事実、真実を伝える。

(イ) 被爆者の思い：二度と被爆者をつくるな、ほかのだれも被爆者にしてはならない、という被爆者としての思い、願い、そして生き方を伝える。報復につながる暴力の連鎖を断つ「ノーモア！」の強い思いである。主として人間の感性に依拠する。

(ウ) 人間の英知：人間は原爆になにをなしうるのか、人間は原爆にどう立ちむかってきたのか。人間から原爆への働きかけである。被爆体験の思想化を通して、「核兵器のない世界」「戦争のない世界」を可能にする人間の英知としての平和思想を伝え、生きる希望と確信をもたせる。主として人間の理性に依拠する。

これら3つの具体的な「なかみ」から抽象される人類が共有すべき価値は、平和の尊さ、命の尊厳、暴力の不在である。

諸問題

(1)「被爆体験の継承」とか「ナガサキを伝える」とは

百人の被爆者の体験を聞けば、当然ながら百様である。多様な体験からなにを学び、なにを伝えたらいいのだろうか。体験の悲惨さを語るだけでは、若い人たちの共感は得られないといわれる。現に学生が、被爆体験を聞いたあと、こんな発言をした。

「私たちはなにを継承すればいいのですか? 被爆者の方は、私たちに〝自分たちの思いを伝えてほしい〟といわれますが、具体的になにを伝えたらいいのか分かりません」。

3人の被爆体験を聞いたとする。被爆時の年齢も被爆した場所も被害の状況も違う。戦後の暮らしも違う。しかし3人とも、「二度とこんなめに誰も遭わせてはいけない。あとは若い皆さんに託したい」と願いを口にされる。原爆の悲惨さはよくわかる。でもこの3人のなにを私は伝えればいいのだろう。これが先の学生の素朴な疑問なのである。

ではなにをどう語ればいいのだろうか。被爆体験や戦争体験は、そもそも一般化できるのだろうか、抽象化が必要なのだろうか。こうした問題について、鎌田定夫らは「被爆体験の思想化」というういい方で提唱したのではないだろうか。

(ア) 原爆の実相、(イ) 被爆者の思い、(ウ) 人間の英知について、ありったけの感性と理性を駆使して熟考することである、と私は考えている。

息子の聞き書きが体験出版の原点　被爆者の本当の苦しみは理解されてきたか

これまで語られてきた被爆体験は、主として8月9日の過酷な体験や惨状を中心に、その前後の状況を語るものだった。語りは被爆体験記として大量に残されてもいる。熱線に灼かれ爆風に叩き付けられた被爆者の痛みは、痛いほどわかる。父や母、兄弟姉妹を奪われた底知れぬ悲しみもわかる。しかし被爆者のほんとの苦しみは理解されてきたのだろうか。これまで体験記に書かれなかったことはないのだろうか。

じつはこれまで、あまり「書かれないこと」はあったのである。

『じいちゃん、その足どんげんしたと』=インターネット画像

被爆者の小峰秀孝が、96年に自費出版した『じいちゃん、その足どんげんしたと』で、被爆者がこれまで多くを語らなかったことを赤裸々に書いた。それは、熱線を受けた右足がケロイドで変形し、長く歩くと皮膚が裂けて血を滴らせてながら歩く姿が、クラスの笑いものになることから始まった。執拗ないじめの先頭に教師がいた。荒れた心は、やたらと小動物を殺させた。長じて就職時にも被爆者差別を受けた。結婚そして離婚。娘が荒れて非行に走る。その娘は立ち直っ

た。孫のことばが題名になった。被爆者の本当の苦しみは、戦後史にあるのだ。心の傷を洗いざらい語ることで、若い世代は被爆者の生き方に共感するという。「身内の恥をさらすな」という親戚筋の反発もあったが、異質の自分史として注目を集めた。

じつは、彼の小4の息子を私は受けもった。家庭的に最も大変なときだったので、息子もそれなりに影響を受けていた。小峰秀孝が被爆者だと分かったとき、私は夏休みの宿題として、父親の被爆体験を聞き書きするよう勧めた。後年、小峰は著書の中で、息子の夏休みの自由研究が、この自分史の「原点」であり「原典」になったと書いた。

語り手と受け手のギャップ

「被爆体験の継承」を問う新たな動きが長崎市に生まれた。2013年10月に設立された「長崎原爆の戦後史をのこす会」である。被爆者21人の詳細な聞き取りを「長崎の記憶」として第一部に収め、第二部は「長崎原爆と報道」である。ここに登場する報道記者は、戦後生まれの非体験者だ。長崎原爆や被爆者にどう向き合ってきたか、どう伝えるべきかを語っている。16年3月11日に刊行した労作は、『原爆後の七〇年　長崎の記憶と記録を掘り起こす』。

「はじめに」で、《原爆後の長崎で生きた体験を明らかにすることは、原爆が何をもたらしたのかという原爆の総体を解き明かすことです》と新木武志事務局長は、被爆者の戦後に目をむけた意義を述べ、同時に《「被爆体験の継承」というとき、継承すべき「被爆体験」とは、「被爆者」の体験とともに、「被爆者」に8月9日のことしか問いかけてこなかった私たちの体験でもなければなりません》と受け手のこれまでにも目を向けた。

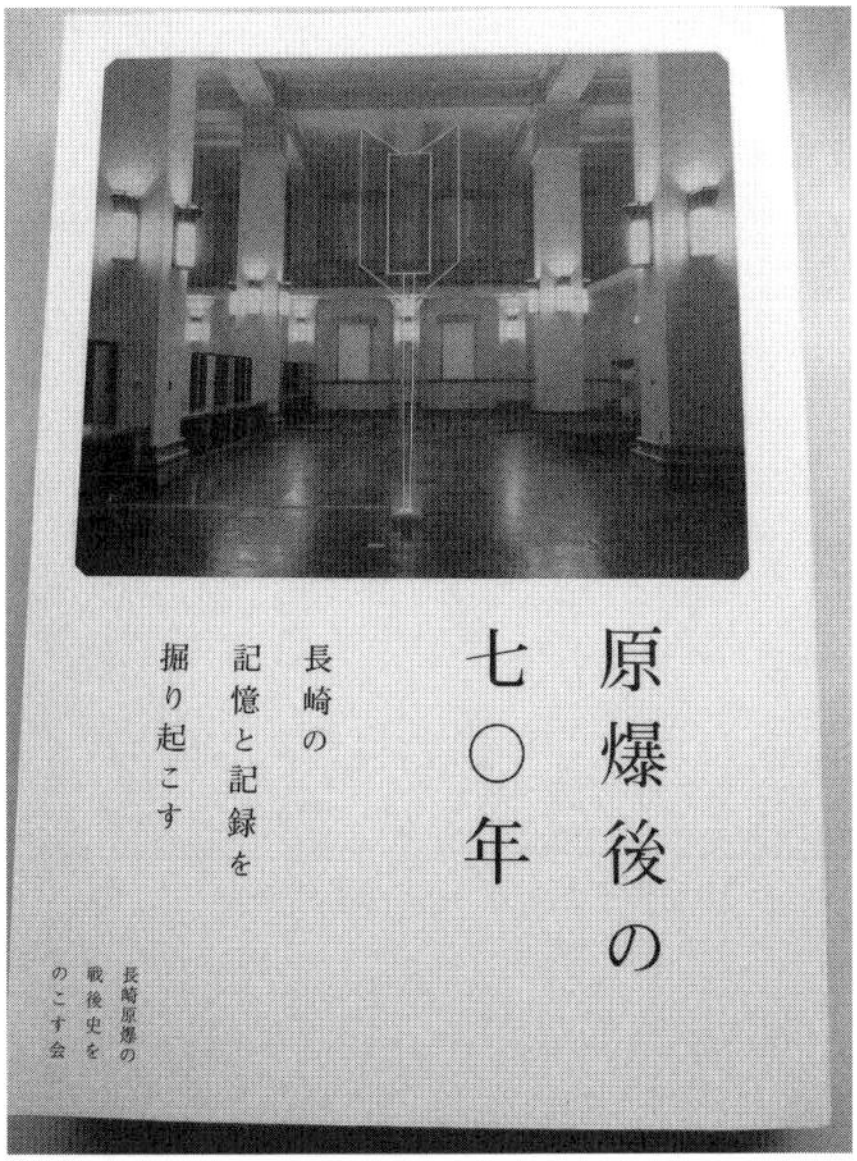

『原爆後の七〇年』=著者撮影

語り手と受け手のギャップについて、「原爆で傷ついた者と、そうでない者との間の心の落差を、埋めることもできず、拡大させ続けてきたのが、戦後という歳月ではなかったのか」と山田かんは、かつて語っている。そのうえで、山田は、地域全体として被爆者の苦悩を共有することができなかった現実こそが、被爆地ナガサキの問題であると指摘している。被爆体験の共有を阻んできたものは、被爆者に対する無理解、そこから生まれる偏見、いじめ、さまざまな差別であった。

（2）被爆体験は「むかし話」か

被爆体験は、「かわいそうな身の上ばなし」で、70年も前の「むかし話」だろうか。つまり被爆者は、いまなぜ体験を語ろうとするのか、非体験者は、いまなぜ被爆者の声に耳を傾けなければいけないのだろうか、ということにつながる問題である。「なぜ語るのか」があってこその「なにを語るか」である。

語り部たちは、「なぜ私は被爆体験講話をするのか」を常時意識しているわけではない。修学旅行生たちも、「なぜ70年も前の体験を今の自分たちが聞かなければならないのか」を自覚しているとは限らないだろう。しかし、その「なぜ」「なんのため」は、ナガサキを伝える大事な前提なのだということを想起させる〝歴史的〟文書が2006年に出された。「なんのために伝えるか」という目的を3つの柱の前に前提として置く所以である。

「政治的」な話はしてはいけないのか

さて、被爆者が現実の政治の状況についての思いや、時にはそれへのいらだちを語ることは許されないことだろうか。というのは、「政治的」という言葉の使われ方の罪深さを考えないではいられないからである。政治と無関係なものはないのに、使う側が好ましいと思わない状況で「君ぃ、そりゃあちょっと政治的じゃないか……」などといって思いとどまらせるのである。

2006年1月、まさにこのことを真正面から問う事態が起こった。いまでは考えられないことだが、当時の長崎平和推進協会が、平和活動のひとつとして組織している継承部会（いわゆる「語り部」の集まり）に「より良い被爆体験講話のために」という1枚の文書を配布したことから始まった。問題になったのは、「被爆者は専門家でもなければ評論家でもないから自分の被爆体験だけを語ればよい、とくに政治的発言は自粛するように」と要請したことだった。

さらに協会は、協会が考える政治的な項目を例示したのである。それは、原子力発電、天皇の戦争責任、憲法9条などの改正、靖国問題、イラクへの自衛隊派遣、有事法制、歴史教育、靖国神社、環境・人権など他領域の問題、一般に不確定な内容（例：劣化ウラン弾問題）である。一市民として、被爆者として、無関心であってはならない大事な問題を、よくぞ指摘してくれたと私など思ったくらいだが、「原爆被爆と環境・人権は無関係」だという考えは、もはや理解不能である。原爆ほど完膚なきまでに環境や人権を破壊するものがあっただろうか。しかも、そもそも原爆問題ほど「政治的」なテーマはないのである。「一般に不確定な問題」といえば、意見の分かれるたいていのものに網をかぶせることができる。行政の得意な「〜等」ににている。

〝政治的な質問〟に対する回答まで例示する念の入れようだった。「国民全体で考えることなので、国会などで論議して欲しい。皆さんも学校や家庭でみんなと一緒に考えてみて下さい」。子どもには考えろと言って、被爆者には思考停止を強いる。まさに歴史に残る文書であった。

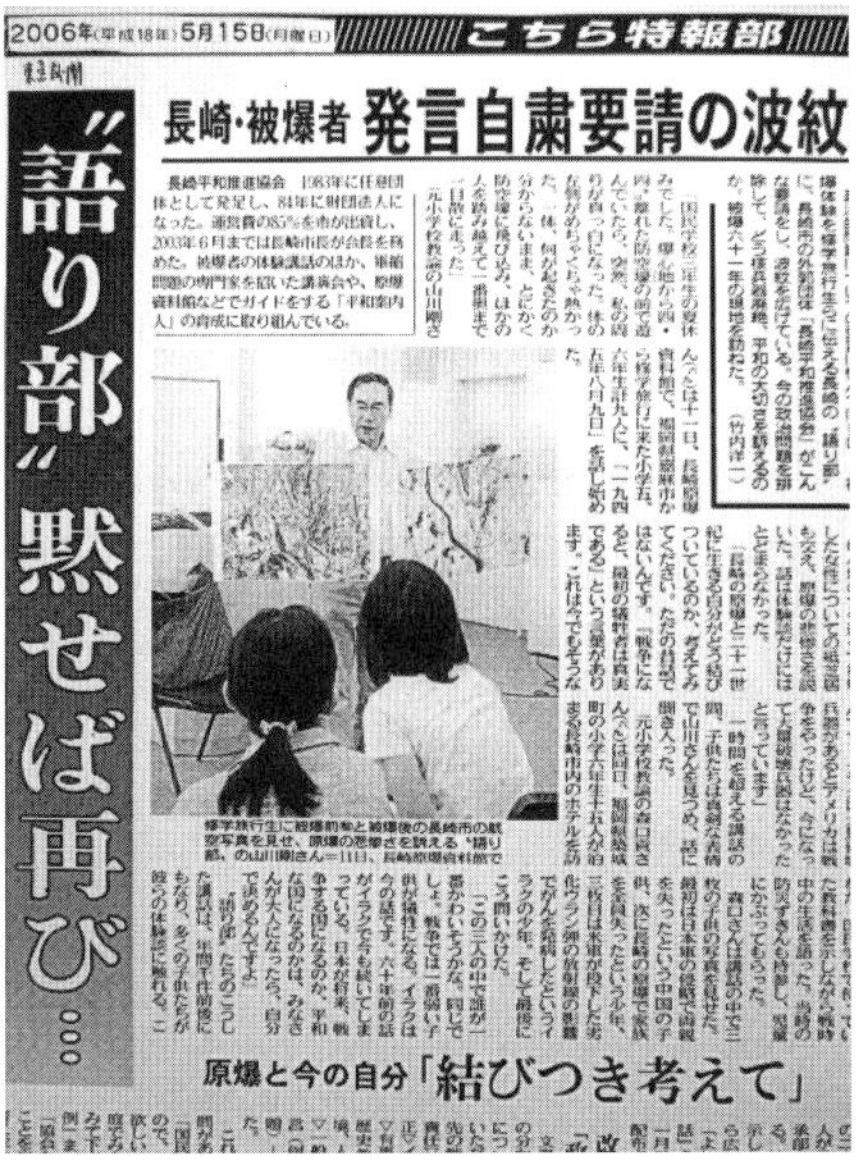
2006年(平成18年)5月15日(月曜日)　こちら特報部

東京新聞

長崎・被爆者 発言自粛要請の波紋

〝語り部〟黙せば再び…

長崎平和推進協会　1983年に任意団体として発足し、84年に財団法人になった。運営費の85%を市が出資し、2003年6月までは長崎市長が会長を務めた。被爆者の体験講話のほか、軍縮問題の専門家を招いた講演会や、原爆資料館などでガイドをする「平和案内人」の育成に取り組んでいる。

原爆と今の自分「結びつき考えて」

被爆者の「政治的発言自粛」に関する東京新聞紙面=著者撮影

その後の臨時総会で賛否両論が巻き起こった。市民集会も開かれた。当初は、〝身内のもめごと〟として傍観していたマスコミも、しばらくして報道をはじめた。とくに被爆地から遠い東京新聞が、2ページ見開きの特集を2回掲載した。東京の日本被団協が、推進協会に公開質問状を送った。

このふたつが効いた。7月初めの理事会で、協会はようやく文書の撤回を決めた。撤回の決め手になったのが、私たち継承部会員の意思や発言というより、上記ふたつの力が大きかったこと、撤回に半年もかかったことは、なにか釈然としないものを残した。

何のために語るのか、なぜ伝えなければならないのかを、各人に意識させ自覚させたできごとであったことは、確かである。

(3) 被爆地ナガサキの「被害と加害」

長崎がいう被害とは原爆による被害であり、加害とは日本が引き起こした戦争における加害である。これまでにも指摘された問題ではあったが、広く世間の注目を浴びるようになったのは、1997年の本島等(元長崎市長)の論文「広島よ、おごるなかれ」がきっかけになった。本島は、「天皇の戦争責任はあると思う」と議会で答弁して右翼の銃弾を受けたが、日本のアジア侵略の視点を欠いた原爆被害の特別視に違和感がある、との持論をしばしば述べていた。原爆投下は、日本の侵略戦争の帰結と見るのである。この論文は、96年にユネスコ(国連教育科学文化機関)が広島の原爆ドームを世界遺産に登録したことをうけて、広島には先の大戦への反省がなく加害の視点がないなどと批判し、中国をはじめとする被害国と国民に、まず謝罪しなければならないと主張するものだった。

当然、広島の被爆者や団体は猛反発した。原爆投下はパールハーバーの報復ではなく、核兵器の実験とソ連に対するけん制であって、核時代の最初の犠牲であるとみる。広島はアジアへの謝罪と保障を政府に求めてきたのであって、反省がないというのは事実誤認だと反論した。この論争は被爆体験を語り継ぐうえで、冷静に議論を継続することの大切さを再確認させることになった。

原爆ドームは、二度と核兵器を使用してはならないという未来への警告であり、核兵器は人類を滅ぼすと訴えるのが被爆地の使命、というのが広島の言い分である。

同じ被爆地長崎ではこんな声もあった。韓国で原爆展を開いた平野伸人（長崎県被爆二世教職員の会）は、「加害の反省、謝罪を示さない限り世界は被爆地の訴えに耳を貸さないのが現実」と体験を踏まえていう。また、土山秀夫・元長崎大学学長が、「加害を語る必要がないと考える人は、一度海外に出て核廃絶を訴えてみてはどうか」と語ったことがある。

加害体験には口を閉ざす当事者

しかし、加害体験は、被害体験のように語られることがないのも事実である。多くの元兵士や戦犯は、加害体験を語りたがらないし語らない。

「民間人を殺したとか強姦したとか、平気でしゃべれると思うか。あんたそんなことを自分の親に聞けるか」とインタビューの記者に突きつけた元兵士の話がある。口を閉ざすしかない場合が普通だろう。ただ、稀に証言活動をし、所業を手記に残した戦犯もいた。

1937年、南京でのこと。Nさんが直接殺害した中国人は61名。ある村で、10人余の女性と子どもを穴に押し込め焼き殺した。Nさんは軍事法廷で、「真っ赤に焼いた鉄はしを下半身に刺したり、鼻から大量の水を注ぎ込んだり……」と中国人への拷問を陳述し号泣したという（00・8・12毎日新聞）。こうした過去のできごとが語り継がれているであろう彼の地で、いきなり被爆体験を語りはじめたら、どんな反応が現れるか容易に想像できるだろう。私の経験からも、まさにその通りだった。

アメリカで被爆体験を語ったとき、「ノーモア・ヒバクシャ」というと即座に「リメンバー・パールハーバー」と返ってきた。「日本軍による真珠湾のだまし討ちが戦争の原因であって、原爆投下はその結果である。原爆が戦争終結を早め、多くの人命を救った。従って原爆投下は正当だった」というういい分である。アメリカでは年齢の高い人たちに、この考えは根強く残っているが、学校教育を通じて若い人たちにも「原爆神話」は受け継がれているようである。

アメリカの高校生からこんな質問を受けた。

（質問）私たちは歴史の授業で、「トルーマン大統領が原爆を落とす決断をしたのは、戦争を終結させ何千人ものアメリカ人と日本人の命を救うためだ」と学びました。そのことについて賛同しますか。

（私の回答）賛同しません。8月6日の演説で大統領は「アメリカの若者の数千数万の命を救うために原爆を投下した」とはいいましたが、日本人については言及しませんでした。命の数については、後になるほど大きくなり、100万人以上と発言するまでになりました。原爆投下は必要なかったのです。

米科学者の原爆使用反対署名=『ヒロシマ　あの時、原爆投下は止められた』(2006年、毎日新聞社)

なぜなら、日本列島はルメイ将軍の作戦によって、都市は瓦礫と焦土になり迎撃能力はない状態でした。1945年11月1日に米軍は「オリンピック作戦」という日本本土への上陸を計画していましたが、関係する多くの将軍が、その前に日本は降伏すると発言した記録があります。原爆投下を止める機会は何度もあったのです。例えば、開発に関わった約150人の科学者の投下反対の署名は、握りつぶされてトルーマン大統領に届くことはなかったのです。アメリカは最後まで「投下」の選択肢に固執しました。

アメリカ人の「原爆観」をつくったできごと

先の「原爆神話」の形成に深く関わったできごとを報じた記事がある。それは、1945年9月に起こっている。まず9月5日。米紙「ニューヨーク・タイムズ」と英紙「デイリー・エクスプレス」が、被爆直後の広島を初めて世界に報道した。「見るに忍びない」惨状を伝える記事は世界に衝撃を与えた。しかし、もっとも衝撃を受けたのは米政府だった。原爆の惨状にではなく、この報道記事にである。被爆の実相を知られてはならない。投下の責任や開発への支障などさまざまな問題が浮上する。米政府は即座に動いた。

翌9月6日の米軍高官による記事の否定だった。曰く、「広島・長崎で死ぬべきものは死に絶え、放射能で苦しんでいる者は一人もいない」。ついで9月19日のプレスコードの発令。連合国軍総司令部（GHQ）が報道規制をしき、原爆報道を一切禁止した。

米政府は原爆被爆の真実を犠牲にして、自国民に原爆投下は正しかったと信じさせたのだ。「不都合な真実」は、必ず国によって隠される。どの国も自国の受けた被害は多く語り教えもするが、加害は触れたがらず教えたがらない。とくに戦争、原爆に関してこうした傾向がみられる。

この典型的な事例が、1995年、米国のスミソニアン航空宇宙博物館の「原爆展」中止である。原爆展計画に対する退役軍人団体の猛反発のためだった。「原爆投下は正しかった」と声高に叫ばれた。しかし同時に、「原爆投下は正しかったのか」という議論を全米に巻き起こすことにもなったのだ。その結果、アメリカ人の原爆観にいくらかの変化の兆しをもたらすことになった。「事実に基づいて歴史を見るべきだ」とか、「広島、長崎のことをあまりにも知らされていなかった」という声が出てくるなど、当時は多くの人たちが原爆投下に疑問を持ち始めたようである。

新しい世代といえる高校生たちは、退役軍人など大人がもっている原爆に対する固定観念がなく、同じ人間として素直に耳を傾ける姿勢があった、というアメリカで体験を語った被爆者の言葉が見られる。98年の私の体験からも、アメリカ人の原爆観は、世代で変わることを確かに予感させた。ホームステイを受け入れてくれた温厚な牧師だったが、「いまはまだ退役軍人など先の大戦を戦った者が健在だ。しかしやがて……」と言葉を濁したが、言外の意味は明らかだった。

じつは、頑固一筋のような退役軍人たちの中に入って語り合った広島の被爆者で大学教員の記事があった。まさにスミソニアン事件の直後である。やはりパールハーバーのだまし討ちから話は始まるのだが、彼は、

被爆遺品展示せず

「原爆展」を大幅縮小

米スミソニアン協

【ワシントン30日守共同】米スミソニアン協会は三十日、最高意思決定機関である評議員会を開き、スミソニアン航空宇宙博物館が第二次大戦終結五十周年記念として今年五月から計画していた広島原爆投下機エノラ・ゲイ展示計画…原爆による被害の大きさや投下に至るいきさつなど歴史的な説明を全面カットし、ほぼ機体展示だけと

する大幅縮小方針を決めた。【社会面に関連記事】

退役軍人団体から上がっていた「日本に同情的すぎる」との批判に屈服したと言える結論。計画されていた広島、長崎の被爆者の遺品や写真など被爆の惨状を示す展示は取りやめとなり、貸し出しを依頼されていた両市は肩透かしを食った格好だ。

評議員会後に記者会見したヘイマン同協会事務局長は「大戦終結五十周年に退役軍人や家族が求めていたのは勇気や犠牲を記念することで、歴史分析ではないことに考えが至らず、計画には基本的な誤りがあった」と縮小の理由を説明した。

新しい展示の詳細は未定だが、エノラ・ゲイの機体のほか簡単な任務の説明と当時の乗組員をインタビューしたビデオ上映程度。事務局長は「原爆による被害や死者数には触れたくない」としており、両市の

独自の原爆展開催考えたい

本島長崎市長の話　このような形で収束するとは予想外だった。今回の原爆展は米国民に長崎からの訴えに接してもらう千載一遇のチャンスと思っていただけに誠に残念。米国民の平均的な考えに接したとも言える。今回の経験は、あらためて長崎からの地道な訴えが大切だと痛感させられた。広島とも相談し米国の原爆展開催を考えたい

極めて遺憾だ戦勝国の論理

平岡敬広島市長の話　スミソニアン博物館が特別の展示を縮小し「米国戦…50年」一色に…

スミソニアン航空宇宙博物館の原爆展中止報道
=1995年、長崎新聞

「われわれが人類の子孫に責任を持つという共通の立場に立てば、核兵器廃絶について話はできるし、しなければならないのではないか」と訴えたという。感情的なわだかまりを乗り越えて理解し合おうという姿勢を生むのに、「共通の立場」というキーワードがあることを教えている。

アメリカの関連でもう少し。２００２年に、「ヒロシマ・ナガサキ反核平和使節団」として訪米したときのこと。ニューヨークから少し北のニュージャージー州のニューアークでは、この時点ですでに13年前から「ヒロシマ・ナガサキの日」の集会を継続している民間団体があった。ここで被爆体験を話すことができた。宗派を超えて宗教者たちが、地域のリーダーとして活動していた。アメリカの地域社会でも、こうしてヒロシマ・ナガサキが語り継がれているのである。

そうかと思えば、たったひとりで壮絶な反核闘争をやっている女性がいた。ワシントンでその

女性の、一見静かな活動に遭遇した。その人については全く予備知識がなかった。

コンセプション・ピショット。スペイン出身で大使館員だったが、１９８1年からワシントンのホワイトハウス前の路上で、24時間の抗議活動を始めたのだ。ヒロシマ・ナガサキの被爆写真を展示し、核兵器廃絶をアピール。立て看板でWelcome to MADHOUSEと大統領官邸を揶揄。スカーフの下にヘルメットが見えた。暴力的な嫌がらせを受けたからだという。浮浪者規制でテントも張れず横になって寝たことがないそうだ。支援者の差し入れで命をつないでいるというが、「ホワイトハウスは核戦争の最前線、私が立っているのは平和の最前線」と意気盛んだった。

その彼女が亡くなった。２０１６年1月25日、享年80。35年間、ホワイトハウスと対峙しての命がけのヒロシマ・ナガサキ行動だった。

アジアの人たちの「原爆観」

さて、アジアの場合はどうか。東南アジアでは、「原爆が日本を降伏させ、わが国を解放した」という言説が広く支持されている。日本の隣国の中学生の原爆観が参考になる。「原爆投下は日本自身が招いた結果だ」については、「非常に賛成」と「賛成」が85・5％。「日本の悪事が酷すぎたため、原爆を投下されたのは仕方ない」については、「非常に賛成」と「賛成」が79・1％である（舟越耿一の資料から）。

大人の原爆観は、さらに厳しい。「日本が原爆を落とされたのは、アジアの人から見れば自業自得の感じがする」、「日本は、さんざんアジアの人を苦しめたから、それくらいの痛みを受けても当たり前」とシンガポールの知日派の男性が取材で語っている。「アジアの人が原爆問題に無関心なのは、侵略戦争への日本の罪の反省が全然なかったから」と原爆観のギャップの責任を日本に求める。また、原爆展について、原爆被害は展示するが、戦争告発の展示内容になっていないものには心が動かない。加害認識に欠けた反核平和運動を何十年やってもアジアは共感しない、と言い切っている。

原爆でわれわれは日本の植民地支配から解放された、と語るある韓国の男性も、「日本がアジアに対する侵略と加害を謝罪しない限り、日本人に平和を訴える資格はない」と、ソウルで被爆2世が開催した原爆展に、強く反発した。

濡れた敷石にひざまずくヴィリー・ブラント＝インターネット画像

「反省」と「謝罪」の限界

8月9日に長崎市長が世界に発信する「平和宣言」が、「謝罪」でもめたことがある。95、96年に、当時の伊藤一長市長の「宣言」にあった侵略と加害に対する「反省」と「謝罪」の文言が、就任

3年目の97年の「宣言」から消えたのである。実は「謝罪」は過去7年間明記されていた文言だった。市長は記者団に「謝罪は国で」の主旨を語ったという。「反省と謝罪」の消失について、当時の紙面は「議論を尽くして変わるのではなく、議論を避けるために消えた」との見方をとっている。

また、戦争は国が始めたのだから、まず国が謝罪すべきだとか、すでに謝っているのに何度謝ればすむのかとか、そもそも「正式な謝罪」とはどのようなものなのか、といった語るうえでの問題提起もある。謝罪は国がすべきなのに、市民であり被害者である被爆者が、なぜいわなければならないのかという反発もある。一方、戦争には国民ぜんたいが加担したわけだから、被爆者といえども責任は免れないとの見方もあり複雑だ。

謝罪といえば、これほど人々の記憶に残るシーンはないかもしれないと私は思う。それは1970年、ヴィリー・ブラント西ドイツ連邦首相（当時）が、ワルシャワのゲットー（ナチスドイツによるユダヤ人強制居住区）記念碑を前にしてひざまずき、目を閉じたことだ。雨に濡れた敷石が光っている。後方に控える西独とポーランド関係者の表情も印象的だ。

外国で語られているこうした原爆観にどう向き合うか。

《私たちは、「ノーモア　パールハーバー」こそ広島・長崎の合い言葉にすべきである。米国は「ノーモア　ヒロシマナガサキ」をいうとき、「ノーモア　ヒロシマナガサキ」というべきことになる》（舟越耿一）。発想の転換に教えられる。

《加害の自覚と歴史認識に裏付けられて初めて被爆者の訴えは、核時代に生きる人類の思想となる》（鎌田定夫）。

《核廃絶は世界の世論によってだけ実現し得るものだから、原爆容認論を打ち破るために、自ら加害責任を語り、国境を越えた人類共通の思想に立とうとしている。核廃絶は世界の世論によってだけ実現し得るものだから》（平野伸人）。

《核兵器廃絶は訴えなければならない。でも、世界のだれもが納得して受け入れてくれるような形にしないと意味がない》（本島等）。

加害と被害、謝罪にかかわる問題を考えるうえで、どれも示唆に富む論考である。大方の参考に供したい。

「加害と被害」を生じさせた元凶である戦争というものについての、わが国の考え方に触れないわけにはいかない。「受忍論」である。これはあまり知られていないのではないかと思う。日本という国は、戦争というものをこう見ている、その戦争の犠牲になる私たち国民をこう扱う、という私たちの命に関わる国の考えである。知らなかった、ではすまされない。国はいう。

「およそ戦争というその国の存亡をかけた非常事態の下においては、国民がその生命、身体、財産などにおいてその犠牲を余儀なくされたとしても（略）全て国民がひとしく受忍しなければならない」。

１９８０年12月、「原爆被爆者対策基本問題懇談会」（基本懇：厚生大臣の私的諮問機関）は、意見書でこう述べて、戦争被害はすべて「ガマンせよ」と説教した。国が始めた戦争で、結果として被爆した。それは不運でしたね。でも国は責任はとりませんよ、というのだ。受忍論は、いまも生きているので、「これからの戦争」に深く関わる問題であることをしっかり覚えておかなければならない。

(4) 戦争と原爆(戦争体験と被爆体験)

「原爆」を訴えるだけで、被爆体験の共有は可能だろうか、という問題がある。まさにこの点についての一文が目についた。ある外国人から、「原爆が非人道的兵器だということは~充分理解できる。当然、核兵器は廃絶されるべきだ。だが、基本的には戦争そのものをなくす理想主義を貫かない限り、人間の悲惨はなくならないのではないか」と質問されたことを引いて、「その外国人は、原爆という枠のなかで平和を訴え続ける限り、それは被害の意識だけにとどまって戦争全体を見失う、との危惧を伝えたかったのではないか」との考えを広島のジャーナリスト大牟田稔が述べている。

たしかに、被爆者が語るのは、主として被爆の惨状であることから、大牟田は被害中心の語りの見直しと、個別の特殊性を超え、若い世代の心にも響くような普遍性をもって伝えられねばならないと提起しているのである。これは、被爆証言が一般化や普遍性を持たせることはできるのかという問題でもある。

この関連で、次世代に確実に継承していくために、戦争体験を心理学の対象とする研究が始まっ

昭和30年ごろの三菱造船所=長崎文献社提供

たという記事がある（09・10・28「毎日」）。さまざまな戦争体験を学問的に検証と分析を繰り返していくことで、単に膨大な体験談を積み重ねて残すだけにするのではなく、次世代に継承していくことができる、と研究者はいう。

「戦争体験の心理学」が、継承の有効な手法になり得るのか、期待し注視したい。

（5）長崎という街

これに関しては、ここに紹介する舟越耿一の論考に学びたい。「被爆地長崎の問題性—被爆地長崎ともう一つの長崎」（『ナガサキから平和学する！』）である。

舟越はいう。被爆地長崎と言えば、原爆

であり、平和発信都市であり、「ナガサキ」のイメージである。キリスト教、グラバー園、中華街、夜景なども広く知られた長崎市だ。もうひとつの長崎は「三菱発祥の地」としての長崎である。三菱は、今や軍事関連企業では群を抜く大企業だ。ダイヤモンドプリンセスなどの豪華客船の建造はよく知られているが、軍艦も造っているのはあまり知られていないようだ。自衛隊は米国に次ぐ6隻のイージス艦を持っているが、そのうちの5隻は三菱長崎造船所で建造された。戦前は日本海軍の旗艦武蔵を建造し魚雷も造った。平和市長が8月9日に世界に発信する「平和宣言」とは裏腹に、長崎は日本でも指折りの兵器生産都市として「復活」しているのである。戦前、三菱とその関連工場群が軍需地帯を形成していたことが、原爆投下目標地に選定され、未曾有の被害を招いた。この流れなら当然、「兵器をつくる街からの脱却」だが、そうはならなかった。被爆地で兵器生産。平和を世界に発信する平和市長が、2代続けて銃弾に倒れた。長崎は、大きな矛盾を抱えた街である。

「もうひとつの長崎」には、別のもうひとつがある。長崎県が抱える問題だ。《長崎県内米軍専用基地数は沖縄県、神奈川県に次いで全国3位、長崎県内の自衛隊施設数は北海道に次いで全国2位》（『二〇〇七　長崎県の軍事基地』）という状況だった。佐世保と対馬、特に佐世保の軍事拠点化は、強化の一途をたどっている。一例をあげれば、上陸作戦を任務とする米軍の世界最大級の強襲揚陸艦が、２０１７年秋に佐世保に配備されることが発表された。海外では唯一の母港化だという。オスプレイ12機を載せることができるそうだ。中国をにらんでの配備だろうか。

「被爆都市長崎での兵器生産」、「被爆県長崎の米軍基地・自衛隊基地」というそれぞれの矛盾を

「ナガサキ」は、どう切り結んでいくべきか。理念と現実のせめぎ合いが続く。

(6) ヒロシマとナガサキは同じか

(上)広島型原爆、リトルボーイ=『ヒロシマ・ナガサキ』(2007年、岩波書店)、(下)長崎型原爆、ファットマン=『写真が語る原爆投下』(2005年、工藤洋三、奥住喜重)

第一発目の広島への原爆投下は、人類史上初のできごととして、世界の注目を集めたが、二発目の長崎への投下は、あたかも二番煎じのように軽視されてきた。原子爆弾は、広島のウラン型原爆(リトルボーイ)と長崎のプルトニウム型原爆(ファットマン)という2種類があった。核弾頭の威力は、広島型が高性能火薬に換算して15~16キロトン、長崎型が21~22キロトンで長崎型がかなり上回っていた。マンハッタン計画（アメリカの原子爆弾開発・製造計画の暗号名）は、議会に諮らず、ということは極秘で莫大な税金を投入して開発・製造した原爆だから、2種類の原爆の威力と効果を試さずにはおれないのがアメリカの本心である。故に被爆地は、2カ所「必要」だったのだ。

では一発目と二発目の原爆投下の意味は同じだろうか。6日の8時15分と9日の11時2分という単なる時系列の問題だろうか。

《一発目の原爆投下の必要性をどのように考えるかはともかく、8月9日に長崎に落とされた二発目の原爆は、ほぼ間違いなく不必要なものだった、という米国の歴史学者の認識が広がっている》（鹿児島大学・木村朗）という。広島への原爆投下の悲惨な結果を確認したうえでの長崎への原爆投下だった。したがって「原爆投下は新型兵器の威力を試し、その効果を確認するための実験であり、とりわけ人体への影響の測定という実験を重視したものではなかったのか」といわれる。

何事によらず「〇〇初」は目を引くが、長崎への二発目は、「長崎を最後の被爆地に」という長崎市しかいえない核廃絶のスローガンを創出させた。

広島原爆と長崎原爆が抱えるさまざまな類似点や相違点を考えると、広島と長崎の原爆資料館にも同じように類似点と相違点があるにちがいない。それぞれなにを伝えようとしているのか。主張や展示の仕方に特徴や相違点があるに違いないし、そうあるべきだと思う。原爆が他の爆弾と決定的に違うのは放射線を放出することだが、熱線や爆風の被害を説明しているコーナーにくらべてあまりにも「放射線による被害」の展示スペースが狭い。このことについては、第3章の柱で再度とりあげたい。

（7）被爆者は、聞き手を変えることができるか

被爆者は、体験を語ることで聞き手や現実を変えることができるだろうか。体験講話は、継承につながるかということである。新聞の見出し風に言えば、「感動の涙は継承につながるか」である。

この問題を考える手がかりになる発言がある。病身を押して語り部活動や被爆遺構の案内をしていた被爆者で義兄の出口輝夫（２０１１年病没）である。「被爆証言は、悲劇的な体験を訴えることだけでなく、〈だから何をすべきか〉を問いかけることだ」と熱く語っていた。伝える側の被爆者が、聞く側にボールを投げたのだ。彼は著書でも、各章の最後に「あなたはどう思いますか」と問いかけているように、いつも思索と行動を促す言葉を述べていた。聞き手や現実を変えるきっかけは、このあたりにあるのかもしれない。

『知っているようで知らない原爆の話』＝著者撮影

（8）「平和宣言」と「平和への誓い」

「はじめに」で触れたように、長崎市長が8月9日の平和祈念式典で世界に発信する「平和宣言」は、平和宣言文起草委員会が市の原案を討議し、最終的に市長が決定するものである。長崎を最後の被爆地とするために、被爆者、被爆地の核廃絶にかける願いや決意を世界に発信することがメインになる。だとすれば、毎年ほぼ同じ宣言になりそうだが、そうはならなかった。なぜなら世界の核情勢や国の形を変えるような国内の重大な政治状況が生起し流動するからである。

ここ数年、起草委員が宣言文で言及するよう求めたのは、特定秘密保護法や、憲法改正、集団的自衛権の行使を容認する閣議決定、安全保障関連法などに対する被爆地の強い懸念だった。いくらかトーンダウンすることはあっても、宣言文に盛り込まれてきた。読み上げる市長の目と鼻の先の首相の表情が強ばるのをテレビの画面はとらえていた。

ところが、市は3人の起草委員を再任しなかった。3人は憲法の理念から逸脱する国内政治に厳しい論客だった。蛇足ながらいえば、広島の平和宣言は、国内の政治には例年触れない。ナガサキは、平和宣言でなにを伝えるのか、いま重大な岐路にさしかかっている。

これと連動するもうひとつの〝事件〟が起こった。

平和祈念式典では、毎年被爆者代表が「平和への誓い」を読みあげている。ところが、長崎市は2015年12月、唐突にこれまでの被爆者5団体による代表の選考を見直し「公募」とする方針を示した。憲法の理念が大きく揺らぐ政治動向を踏まえ、とくにここ数年の被爆者代表は、「憲法を踏みにじる暴挙」と安倍政権を本人の目の前で痛烈に批判してきた。首相と官邸、その周辺がこれを看過するはずがない。県選出の議員が噛みついたとの噂もある。「こんな式典をほっといていいのか」と。

市は、中央からの圧力があったとは口が裂けてもいえないだろうが、市民は市の「萎縮、自制、忖度」を痛いほど感じる。特定の起草委員の不再任と被爆者代表選考の見直しが、市の中央への〝回答〟なのだろう。17年の平和祈念式典は、これまでのあり方を質的に転換するものになるのではないかと怖れる。

平和宣言文起草
一部委員不再任
長崎市、理由明示せず
市民団体、市長面会求

長崎市の平和宣言文起草委員の選任を巡り、昨年までに改憲や集団的自衛権の行使容認に強く反対した一部委員が再任されなかった問題で、市民団体が

市側の回答に説明を求める市民団体のメンバー

「平和への誓い」審査会
被爆者 公募で選定

長崎原爆の日（8月9日）の平和祈念式典で「平和への誓い」を読み上げる被爆者代表を選ぶため、長崎市が新たに設置した選定審査会の初会合が17日、同市役所であった。選定方法について、市側は公募のほか、市や被爆者5団体がそれぞれ推薦する人の中から選ぶことを提案したが、審査会事務局の市が推薦することに被爆者ら委員から疑問や懸念の声が相次ぎ、公募だけで実施することを決

「公正、公平、誠実に協議を重ねる」と述べた。

初会合では選定方法についての市の提案に対し、5団体の一つで県平和運動センター被爆連議長の川野浩一氏が「（審査会の事務局を担う）市が推薦する必要性が分からない。初めから決まっているのでは」と疑念を表明。ほかの委員も同調し、5団体を含めて推薦をなくし、公募に限るべきだとの意見で一致した。

5団体が選出してきた被爆者代表をめぐっては、

（上）平和宣言文起草委員不再任に関する報道=（2015.6.12毎日新聞）、（下）被爆者代表選定方法変更に関する報道=（2017.1.18 長崎新聞）

地方自治体は、国に支配監督されるものではなく、国と対等の関係であるはずだが、現実はここに見るとおりである。

(9) 核廃絶を妨げるもの—核抑止論

長く続いた冷戦時代は、チャーチルのいう「恐怖の均衡」による、戦争状態にないというだけの〝平和〟であった。世界を二分した米国とソ連は、狂気の核軍拡競争に明け暮れ、1980年代半ば頃には6万発とも7万発ともいわれる核弾頭をつくってしまった。核超大国の指導者は、さすがに常軌を逸した核保有に恐怖を抱いたに違いない。遅々としたペースではあったが、現在、核保有国の総計で約1万5000発まで削減された、というかまだ1万5000発も保有しているのだ。そしてなお、核保有国は、核兵器を守護神とする核政策に固執している。

いうまでもなく、人間の頭の中で生まれたのが「核抑止」という考えである。A国がB国に核兵器を使おうと考えたとき、自国もB国から核兵器による壊滅的報復を覚悟しなければならず、結果としてA国は核兵器の使用を思いとどまらざるを得ないという理論である。ただし、この理論が適用できるのは、あくまでも国家間であって、テロリストや狂信的独裁者には通用しない。

ただ、この核抑止論は、ある意味分かりやすく、「だから長崎を最後に、核戦争のない世界を維持しているではないか」、といいつのるのである。核抑止論が一定の支持や効力を有する限り、核兵器が大幅に削減されることは期待できない。まして核兵器廃絶は、ありえない。その間、人間は万一の核兵器使用の恐怖から解放されることはない。現に長崎大学核兵器廃絶研究センター(R

ＥＣＮＡ）のポスターに「存在する限り使われる」と大書されている。絶対に使わないものを確保しておくはずがない。ということは「使う」ことが前提のはずである。ではどうするか。

核抑止論を「無力化」する広範な世論のうねりをつくりだすことが必要である。その道の専門家の間では、「核抑止論は、すでに破綻している」ということらしいが、被爆者や多くの一般市民に届いているとは思えない。専門書ではなく核抑止論の分かりやすい市民向けの手引き書が必要だ。と、かねてから思っていたが、ＲＥＣＮＡによる市民対象の平和講座で、胸にストンと落ちる核抑止の話を聞いた（16・11）。講師・広瀬訓（ＲＥＣＮＡ教授）の当日の講座の私にとってのさわりを次に記す。

核抑止の論理は、矛盾したふたつのことを前提にしないと成り立たない。

①「相手に対する不信感」、たとえば「あの国は何をしでかすか分からない」

②「相手に対する信頼」、たとえば「いくら何でも、そこまでバカじゃない」

のふたつである。核抑止は、文字通り矛と盾の矛盾の論理に依拠している。抑止という脅しと恐怖に基づいて平和と安全を構築してはならず、人間らしく理性に基づいて構築すべきである。

核兵器を大量に保有することが、その国の平和と安全を保障することではなく、核保有がその国にとって重荷にしかならないという国際環境がつくれないものかと思う。

専門家と市民の幅広い協働作業によって、恐怖の均衡によるまやかしの平和ではなく、真の平和を構築したいものである。

第3章

「被爆体験」をどう伝えるか

「被爆体験の継承」について、だれが、何を伝えるのか、に関わる諸問題を概観してきた。最後に、どのような伝え方をすれば伝わるのか、そこには解決すべきどんな問題があるのかをみていきたい。

諸問題

(1) どうすれば、被爆者の体験を自分の問題にできるか

とりわけ、戦争を知らない世代、大きく世代を異にする若い世代の心にどうすれば響くのだろうか、どうすれば戦争や原爆被爆を自分の問題として捉えることができるか、という問題である。「だれが伝えるか」にも関わる問題なのでそこでも触れたのだが、体験を語る側と聞く側の「ずれ」や「溝」をどうすれば埋めることができるかという問題がある。

「ずれ」といえば、なんとなくわかるような気がするが、あなたはその「ずれ」を凝視したかと問われれば、自信がない。ならば、まずは両者の「ずれ」を直視することからはじめなければならない。いろいろな「ずれ」があるだろう。なにが、どんな風に「ずれ」ているのかを見極め、具体的に把握する。そこに溝を埋める糸口があるだろう。

感性を乗り越える理性の力

被爆体験はひとりずつ違っているのだから、被爆者はそれぞれの伝え方を工夫し創造しなければならない。ことばひとつとってみても、高齢の被爆者が当たり前のように口にする戦中用語は、戦後70年後の聞き手には理解できない。

「被爆していない者になにがわかっか！」と被爆者があまりに感情的になると、語り継ぐ意欲を持った市民も萎えてしまう。被爆の悲惨な体験は、聞く者の感性に強く訴えるが、それをどう語り継げばいいのかわかりにくい。車の両輪にたとえられるのが、感性に対する理性である。被爆体験の客観化、普遍化、科学化ということである。

たとえば、《アメリカ人に長崎では7万人以上が死んだと話しても、彼らはそれなら大空襲を受けたドイツのドレスデンも東京も同じだと言う。これを乗り越える客観的で普遍的な方法のひとつが医学的な表現だろう。近距離で被爆した人で、なんら外傷がないのに亡くなった人の90％以上が放射線障害によるもので、生き残った人たちは他に比べてがんの発症で高い有意差がある。他の爆弾と違って、原爆は後々までずっと人体をむしばみ続けるのだ―などと説明すると、「それはひどい」と理解してくれる》（元長崎大学長・土山秀夫）。

２０１３年から14年にかけて、「核兵器の非人道性」に関する国際会議が３回開催された。ノルウェー会議で講演した朝長万左男（当時長崎原爆病院長）は、核兵器は「遺伝子標的兵器」であって、人を一生苦しめるものであることを、長年にわたる被爆者治療の知見から報告した。ほかにも客観的な数字や統計を駆使して、核兵器に対しては人道的対応が不可能であることを報告する専門家もいた。

非体験者には、感性に訴えながら同時に、このような客観的、科学的な資料で核兵器が使用されたときの言語に絶する残虐さを理性に訴えて想像させることができるようである。

わかりやすく伝えるためには、資料や教材、機器といったツールが必要である。20世紀の半ばから多くの時間が流れ、話だけでは通じにくくなってきた。したがって、視聴覚教材など多様な教材の開発を進め、保存し、活用するようになってきた。活用すべき器材、素材や手法は多岐にわたる。例えば、プロジェクター、写真、スライド、DVD、CG、紙芝居、絵、アニメ、マンガ、音楽、文学、文書（論文、新聞記事、統計資料等）、証言（音声、文書、映像）、遺構、遺物などがある。被爆体験講話では、写真や被爆者自らが描いた絵などがよく使われている。平和案内人有志のグループ活動として、自主製作の紙芝居の制作と上演、被爆体験記の朗読が、定期的におこなわれるようになってきた。が、しかし、なによりも諸活動の原点になっているのは、今も被爆者の証言であることに異論はないだろう。

「記憶の文化」という概念

あるシンポジウムで「記憶の文化」という概念を知った。

《特定の過去のできごとについてその国や国民、その社会や市民がどのように記憶し、どのように記憶を表現してきたのか。さまざまな媒体を使った記録や展示、記念碑、記念日や式典など、その記憶にまつわるあらゆるものの総合体を、「記憶の文化」という概念で表そうとする新しい

松尾あつゆき句碑=著者撮影

思潮が起こった》（歴史教育・岡裕人）。被爆体験の（記憶の）継承も「記憶の文化」に含まれるだろう。日本と類似点の多いドイツで生まれた考え方ということに関心が向いた。

　日独ともに戦争体験者・被爆者は減少する一方で、戦争を知らない世代が大半を占め、その上、ドイツには、日本と違って多くの移民が住む。こうしたなかで、戦争を自分の問題として捉えさせようとするとき、「記憶の文化」という考え方に学ぶべき点があるのではないかと思う。ただ、「記憶がその時代、その国、その社会の文化を形成する」とする「記憶の文化」という捉え方は、彼が言うようにまだなじみがない。しかし、先に触れたように被爆体験の（記憶の）継承の営みは、その重要な要素となりうる。2013年10月に設立した「長崎原爆の戦後史をのこす会」（代表広瀬方人）が、

『原爆後の七〇年　長崎の記憶と記録を掘り起こす』を２０１６年３月11日に刊行したが、これなどは「記憶の文化」につながる長崎の動きといえるのかもしれない。

模索も続く。修学旅行生に平和案内を続けている「長崎の証言の会」は、原爆句を残した「松尾あつゆき句碑」コースや、林京子の「祭りの場」コースを新設して、「文学作品を通して〈あの日〉を追体験する」試みを始めた。

データベース化が進めば、膨大な内容の資料を利用するとき、自分が求めている情報を早く容易に得ることができる。図書館で図書を検索するときの「日本十進分類法」のような、被爆関連資料の分類・整理ができれば、「やらされる学習」から「やりたい学習」に姿勢が変わる有効な手立てになるにちがいない。

（2）被爆体験は、なぜ「風化」するか

「風化する」のでなく「風化させる」

地表の岩石が、空気や水などで少しずつ崩されていく風化という自然現象がある。社会的事象の場合にも、しばしば「風化する」とか「風化した」といわれる。はたしてそうだろうか。風化は風化するのではなく「風化させる」「風化させられる」のではないだろうか。《戦争体験は、時

の流れとともに自動的に「風化」する訳では決してない。それを促進する政治的・社会的条件の下でのみ「風化」するのだ》と吉田裕（歴史学）もいう。ここでいう戦争体験は、被爆体験と読み替えることができる。忘却、無知、無関心の醸成に手を貸す人間が、どうも存在するようなのである。

風化の源はなにか

あげればきりがないが、「風化」させる者の事例をいくつかあげてみよう。

１９６８年に当時の佐藤栄作首相は、国会答弁で「教科書にきのこ雲の写真を出すことはいかがと思います」と答弁。やはりもっとも怖いのは国である。国はしばしば真実を隠したがるし、隠してきた。地方も負けていない。

長崎平和教育の先進校
校長、原爆読本を隔離
「公教育に不適」
独断で 図書室の150冊
現場教師は反発

「原爆読本隠し」のスクープ=1977.5.20毎日新聞

70年に長崎で結成された「被爆教師の会」が牽引した平和教育が、急ピッチで広がろうとするとき、教育委員会という教育行政が、それ以後、陰に陽に立ちはだかるのを見ることができる。

71年、長崎県の4年生の社会科副読本『私たちの長崎県』から原爆記述が密かに、しかしまるごと消された。

77年、（私が勤務していた）長崎市の小学校で、

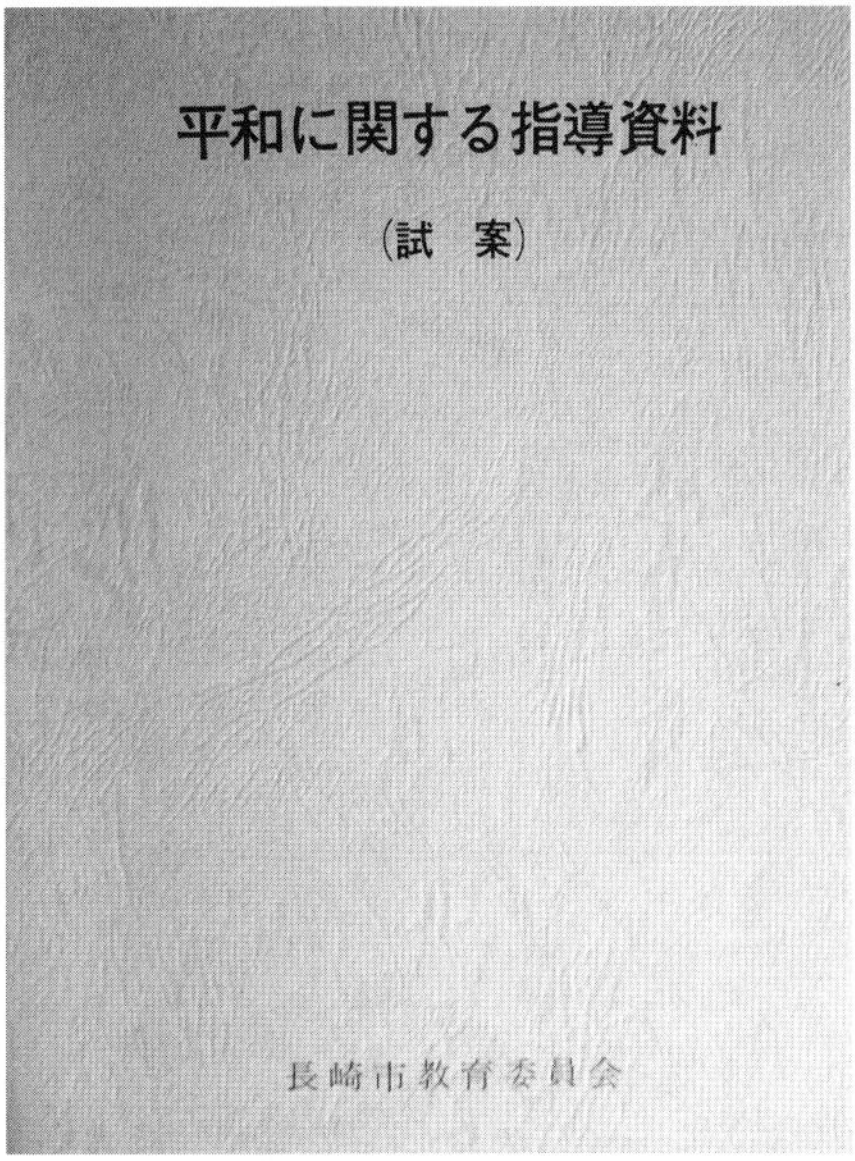

平和に関する指導資料　官製平和教育の手引き書
=1978年、長崎市教育委員会

校長による150冊の『原爆読本』隠しが起こり、78年からの官製平和教育が始まるきっかけになった。市教委の意向を忖度《そんたく》した校長のしわざだった。

「原爆読本隠し」を受けて、78年に長崎市教委は、平和教育という用語をあえて使用せずに「平和に関する指導（または、平和に関する教育）」と言い換えて〝指導〟を始めた。学習指導要領に「平和教育」という用語がないという理由だった（学習指導要領にはいまも「平和教育」はないが、22年後、市教委は、何事もなかったかのように使い始めた）。

「平和に関する教育基本3原則」の第1原則に「『原爆を原点とする』ものではない」として22年間も原爆を遠ざけた。世にいう「原点論争」の基になった表現である。「原爆を原点としない」という意味だが、市教委の表現は、「これまで『原爆を原点とする』と言ってきたのは組合で、これからはそうではありませんよ」と否定形で書いたのである。むき出しの敵対心が、原則を否定形で書くお粗末を演じさせたのだろう。この基本原則の第1項は、2000年4月に22年ぶりに削除された。とはいえ、これはマイナーチェンジだ。無様《ぶざま》な否定形を削除して、ようやく全国共通の平和教育手引き書になっただけで、長崎だからこそできる、被爆地だからこそしなければならないという意欲をまったく持ちあわせていない、およそ「ナガサキの手引き書」とよべるレベルのものではなかった。

78年、ある小学校長は市教委から指導があったとして、職員が平和集会で「原爆を許すまじ」を歌うことを禁じた。歌詞の「三たび許すまじ原爆を」は、長崎が目指すものであり悲願である。この校長は、「原爆を許すまじ」を労働歌だと断じた。

80年、ある政党の広報紙「自由新報」は、小学校の国語教科書の平和文学教材〈「夕づる」〈木下順二〉、「大きなかぶ」〈ロシア民話〉など〉を「偏向」と攻撃。偏向はどっちだ、とお母さんたちが怒った。

同年、「平和カレンダー」の教室からの撤去を市教育長が命じた。これは、戦争・原爆・平和にゆかりの日を書き込んだ教師たちの手作りのカレンダーだった。

教育長は、「常識的に考えて望ましくないものは、私物であれ公物であれ除去する。教育的でないのは、校長が常識的にわかるはず」と、校長の常識で恣意的になんでもできるという非常識を働いた。81年には、文部省は、教科書検定で「原爆の図」〈丸木位里・俊〉を「暗い」と削除した。

長崎市教委の原則が、20数年にわたって、いかに教育現場に歪みをもたらしていたかを露呈する象徴的なできごとが97年に起こった。

「平和に関する教育」の研究指定校T小学校が、2年間の研究成果を発表する晴れがましい席でそれは披露された。1年生から6年生までの当日の公開授業に、ただのひとつも原爆や戦争を取りあげた授業はなかったのである。使用された教材は、なんと道徳の副読本だった。これではまるで道徳教育の研究発表である。参加していた平野伸人は、「うどんを注文したらラーメンが出てきた。平和教育とは似て非なるものだ。被爆地ナガサキの平和教育を参観に来た人は、一体これは何だと思うだろう」と憤慨した。

「先ずは心の教育」という行政の指導が、いかに穏やかに、しつこくおこなわれてきたかを雄弁に物語るものだった。被爆地の官製平和教育は、ここまで落ち込んでいたのである。

「記憶の暗殺者たち」

平和教育を受けた記憶のない、自称〝よそ者〟の記者が、次のようにコメントしている。

《「平和教育は心の教育」と道徳の副読本頼みにしては、子どもたちはついてこない。もっと普通に「原爆」を見据えた平和教育ができないものか。この被爆地ナガサキという土地自体が、一つの教室。教材はいっぱいあるのだから。「もったいない」と思う》。

２０００年にオランダ国立戦争資料館が、長崎での「オランダ戦争展」開催に当たって市に協力を要請した。長崎市はこれを拒否した。報道によれば「地方自治体は関与せず、政府レベルで実施されるのが望ましい」と釈明したそうだ。20世紀最大のできごととされる原爆投下に関する常設展示を1自治体、長崎市はおこなっているのにである。「世界に核廃絶を訴える長崎が、戦争から目を背けてよいのか」と業を煮やした鎌田定夫ら市民有志が「日蘭戦争原爆展」として開催した。ただ、オランダ側にも問題はあった。展示内容が、１９４２年3月から45年8月までの日本軍統治による3年半の期間に限定されていたことである。3年半と比較的短期間とはいえ、侵略行為だから人道に反することはいうまでもないが、それ以前の３５０年に及ぶオランダのインドネシア支配や戦後の独立運動弾圧については、まったく触れていないからだった。

２００４年、内閣官房は地方自治体が住民の保護計画を立てるさいの参考として「武力攻撃やテロなどから身を守るために」を公表した。「核爆発の場合は火球を見るな、上着を頭からかぶ

内閣官房パンフ　核爆発の場合の留意点も書いてある=インターネット画像

り口と鼻をハンカチで覆いなるべく遠くへ離れよ」などと教えてくれた。笑った、笑った。これが広島、長崎でなにが起こったかを学ぶことのなかったエリート官僚の頭の中である。と思ったが、その後私は笑えなくなった。エリート官僚の頭のなかは、爆心地周辺で被爆した者の爆死は想定済、助かる可能性のある遠距離での場面しか対象にしていないのだ。先の「身の守り方」を見れば、そうとしか考えられない。

まだいくらでもあるが、黄門さまのセリフではないが、もういいでしょう。

わずかこれだけ見ても、歴史の事実や真実を見せまいとする面々がうごめいていることが見て取れる。これを世間ではあたかも自然現象のごとく、「風化した」と詐称するのである。

風化を企図する者は、あるできごとにまつわる人々の記憶を消し去ろうとするものであるから「記憶の暗殺者たち」（ピエール・ヴィダル・ナケ）であるといえる。

ドイツの「過去の克服」に学べ

ところで、歴史に学ぶという話になると、必ず引き合いにだされるのがドイツである。どの国も歴史の負の遺産を隠そうとするが、ドイツは、とりわけ学校教育を通じてナチスドイツの所業を詳細に学ばせ、「過去の克服」の努力を継続してきた。「過ちはくり返しませぬから」を社会をあげて実践してきたのだ。

《後になって過去を変えたり、起こらなかったことにするわけにはまいりません。しかし過去に目を閉ざす者は結局のところ現在にも盲目となります》とは、ヴァイツゼッカー大統領（第6代ドイツ連邦大統領）の言葉である。過去に学ばずして未来の展望は不可能だ。過去の歴史に学び、現在を正し、未来に生かすドイツのあり方を、同じ敗戦国である日本の戦後の歩みと比較するとき、その隔たりを生みだしたものがなんだったのか、考えこまざるを得ない。

ところが、こうした努力とは裏腹の主張が、1980年代のドイツで起こっていたというのである。曰く、「ナチスドイツによるユダヤ人大量虐殺はなかった」、「ナチ収容所にガス室はなかった」。いわゆる「アウシュビッツの嘘」である。

日本でも、まだ百年も経たないのに、「南京大虐殺はなかった」と歴史の事実を否定する者さえいる。ということは、「長崎に原爆が投下されたって？　そんなのはウソだ」とうそぶく者が、将来出てくる可能性があるということである。子ども、若者が歴史認識を共有するための平和教育・歴史教育をどう進めるか、という問題につながる。

そのさい、どんな歴史教科書で学ぶかということは、かなり重要な問題になる。隣接するアジア諸国から、「進出ではなく侵略だ」と指摘されると、日本政府は、あたかもほころびを繕うように、教科書のそこだけを修正して全体を見直すことはしてこなかった。

高等学校1年のある国語教科書に収録された作品を見ると、長崎市にある三菱造船所を文中でも地図でも「M造船所」と表記している。誰が見ても三菱造船所なのに、なぜわざわざMとしな

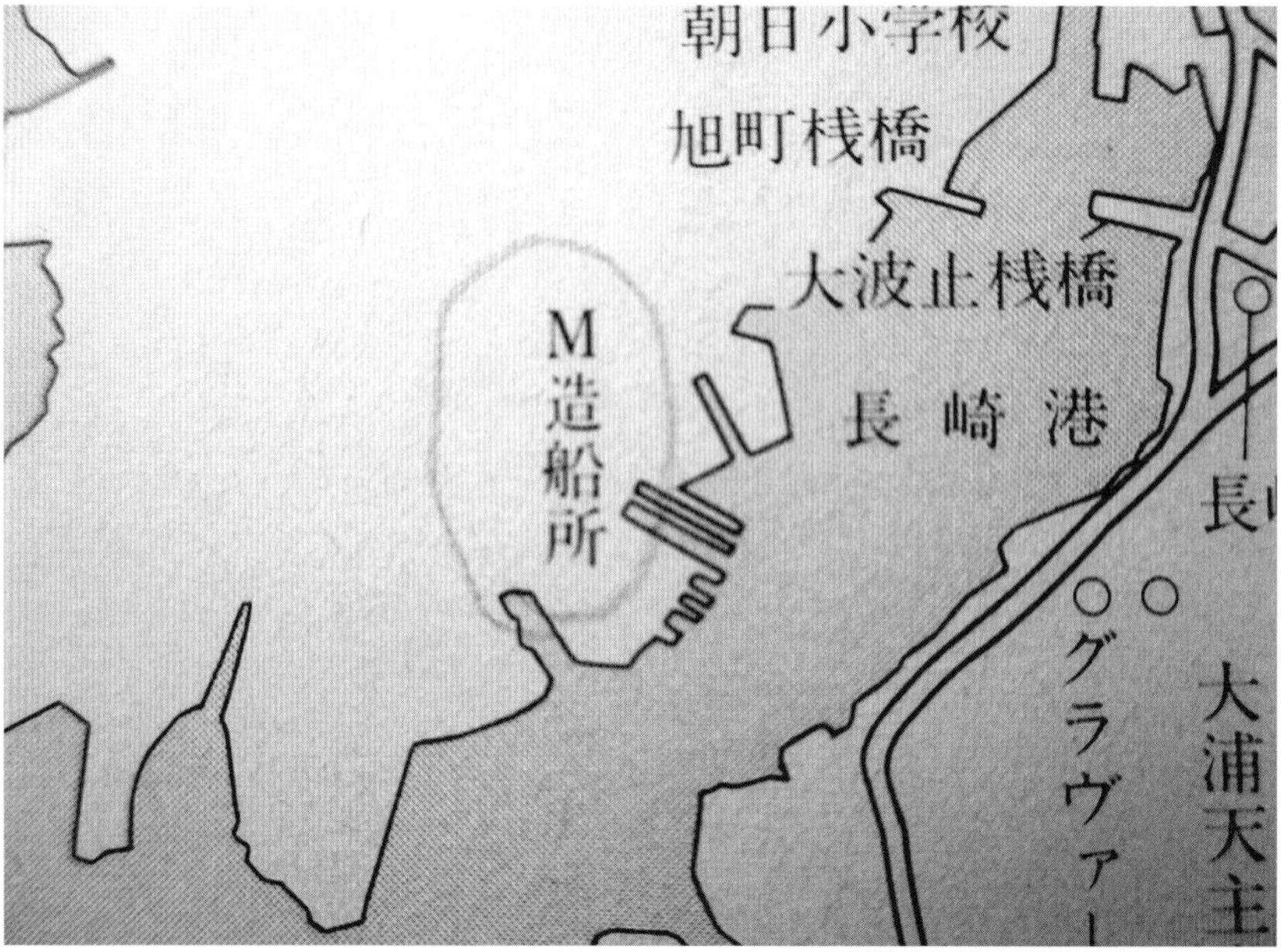

長崎の三菱造船所をM造船所とする教科書の説明図=明解国語I、三省堂

ければならないのか。日本有数の兵器生産の大企業を実名で載せることを避けた思いやりとしか思えない。文科省に質問すると、「教科書検定基準や規則などに則して行っているだけで、他意はない」と予想通りの回答がきた。在外被爆者問題の裁判で、被告の三菱は、「戦前の三菱と戦後の三菱は別会社だから、戦時中のことは関係ない」と明言した。ならば戦時中の三菱をMとソフトに表記してあげる心遣いはまったくいらない。この企業が浦上でつくった魚雷をパールハーバーに撃ちこんで開戦し、その浦上に原爆が投下されて敗戦を迎えた。

歴史の「うそ」はつくられる

歴史の事実を直視しようとせず、意図的に歴史を修正、歪曲、捏造する者たちは、洋の東西を問わず、そしていつの時代にもいるのである。ではどのような状況になれば、「ホロコーストはなかった」や「原爆投下はなかった」などの「うそ」はつくりだされる可能性があるのか、との記者の問に、芝野由和（政治学）は、「事実を知らない人が増えると浸透する素地ができる」としたうえで、「その意味でも、被爆体験の世界への不断の継承が非常に重要」とナガサキの記憶を継承することの意義を明確に示している。

こうした過去を問う教科書問題で必ず引き合いに出されるのが、ここでもドイツである。ドイツは1951年、「ゲオルク・エッカート国際教科書研究所」を設立して、ポーランド、イスラエル、フランスなどの周辺諸国と協議を始めた。ナチスドイツは、まっ先にポーランドに侵攻し、アウシュビッツをはじめ各地でユダヤ人の大虐殺をおこなった。加害国と被害国の間に歴史認識のギャップがあるのは、よくあることで、自然の成り行きである。そこで両者は、気の遠くなるような時間をかけて、歴史認識の共有のために共通の歴史教科書を作成したのだ。歴史の暗部を隠すのではなく、ナチスが犯した犯罪を具体的に取りあげ、だれが参加しだれに責任があるのか、当時の文書なども載せて詳細に記述した。こうしてドイツは、「過去の克服」のために互いに納得のいく教科書づくりという難事業をやってのけたのだ。

身の毛のよだつ行為を平然とおこなっていたナチスの戦犯も、異常人格者ではなく、どこにでもいる普通のドイツ人だったことが、重視されている。つまり、一定の条件下では、だれでもあのような人非人になりうるからである。海外で鬼畜にも劣る蛮行に及んだ日本の兵士も、郷里のお店では、「ラッシャイ！」と声を張り上げていた明るいお兄さんだったりしたのだ。ひとたび軍隊という組織に組みこまれ、優しい人間の気持ちを奪われた結果である。

こんな巨大な不条理に巻き込まれない方法はないのだろうか。平和教育や歴史教育の枠に収まらない問題であるかもしれない。しかし、戦後のドイツの息の長い取りくみは、その対極にあるような日本にとって極めて教訓的で、示唆に富むように思う。

風化の潮流に抗う

ところで、その記憶に戻ろう。「被爆体験の継承」は、きちんといえば、「被爆体験の記憶の継承」だと冒頭にことわった。被爆者の語る記憶に、受け手が心をとらえられ、伝えたい！ と思うなにかはなんだろう、どこからくるものだろうか。玉木研二（毎日新聞）は、《それは単なる知識よりも、人間が本来持つ素朴な感情や想像力ではないでしょうか》という。《その人が語り残したこと、訴えたかったことに反応して立ち上がってくるものが、時や場を超えて私たちの中にあるはずです》。

これは最悪の人災である戦争、原爆の記憶に関することだが、人が避けることのできない天災に備える記憶さえ、被爆体験の継承に教訓的であることをあるコラムで学んだ。阪神大震災で被災した詩人・安永稔和の詩「これは」である。

これはいつかあったこと
これはいつかあること
だからよく記憶すること
だから繰り返し記憶すること
このさき

わたしたちが生きのびるために

この詩につけ加えるものは何もいらないとは思うが、念のために安永のことばも。「記憶は過去のことでない。今に生きて未来に現れるものである。今のものとして生かし、未来に生かさないといけない」。

先に風化させる側を見てきたが、風化される己にも目を向けねばなるまい。

なにもかもなくした手に四まいの爆死証明

など多くの原爆句を残した、長崎の自由律俳人・松尾あつゆきに、そう諭される気がするのである。みずからの手で妻と3人の子を焼かなければならなかったあつゆきでさえ、時として、あの過酷な体験が薄められる己の危うさを詠んでいる。私も自戒を込めてあつゆきの句をかみしめたい。

おのれ葬りたしわが悲しみ風化する前

「風化」の諸事象を見てきたが、「被爆体験を語る」ことと「風化」との関係について山田拓民（長崎被災協・前事務局長）が、次のように述べている。

「被爆体験を語るということは、まさに被爆体験の風化を促す潮流に対する抵抗の営みであり、被爆体験の継承は風化させようとするものと風化を許さないものとの熾烈なせめぎ合いなのだ。じっくりと共感の輪を広げてゆくしか道はない」。

（3）やらされる平和学習

原爆登校日

長崎県内の小・中・高校は、長い時間をかけて、いまは8月9日登校が当たり前になっている。しかし原爆登校日が一般化してからも、悩ましい問題があった。それは8月9日が、土曜日か日曜日になることがあるからだ。そうなると、曜日とは関係なく「9日」という日にこだわるべきだ、という意見と、9日にこだわらなくても平和授業をおこなえばいいのだ、という意見がかみ合わないのである。

「あの日」といえば、8月9日である。多くの長崎市民、県民にとっては祥月命日である。「今日9日は～」と語るのと、「明日9日は～」とか「昨日9日は～」とに微妙な感情のずれは起こらないものだろうか。横道にそれるが、私のような高齢者は、「成人の日」といえば1月15日で、「敬老の日」は9月15日と決まっていた。ところが近ごろは、3連休を増やすための「ハッピーマンデー制度」とやらによって、その祝日設定の意味とは無関係に月曜日に移すのである。「原爆登校日」と比較する無茶をあえてするのは、感覚的にどうもすっきりしないからである。

現在の教育事情から見れば〝むかし話〟に類することだが、１９８１年の「８月９日」を忘れることができない。この年の８月９日は、日曜日だった。本島等長崎市長（当時）は、この年の平和宣言で《特に教育者の皆さんにお願いしたい。核兵器をなくし、完全軍縮の実現こそが、人類が未来に生き残る唯一の道であることを、子どもたちにすべてに優先して教えてほしい。平和こそ、私たちが子孫に残すただ一つの遺産なのです》と訴えていた。まさにその日、雨の中を登校した生徒たちを校長が、「登校日ではない」と閉ざした門扉の前で追い返す〝学校事件〟が県内各地で起こった。「曜日に関係なく、原爆登校日は８月９日とする」というのが当時の先生たちの組合の原則だったのである。

どこかが違う継承活動

さて話を戻そう。教科書もなく、授業の準備もたいへんな平和教育は、まだ現在でも全国的に広く行われているとはいえない。そのためか学ぶ側は「学ばされている」という感覚のようだ。「またか、もう聞きあきた」、「もう、うんざり」。「原爆はひどかった、戦争はダメだ、と（先生は）いうに決まってる」と冷ややかだ。素朴な疑問が出せない。「先生が一方的に教えるだけ。自由に議論する雰囲気がなかった」との声もある。これらは平和授業を受けた生徒のつぶやき、というよりむしろ叫びに近いかもしれない。

生徒のつぶやきに見るように、平和授業に限らず、一般の語り継ぐ活動が、語り手から聞き手への一方通行になっている状況が見える。結論が決まっていて、内容も方法もワンパターンでおもしろくない、ともいうのである。平和学習の形骸化と批判されたり、知識偏重で英語や数学の授業と同じだともいわれる。

「原爆をなぜ持ってはいけないのか」

「人をなぜ殺してはいけないのか」

「原爆を受けて、うれしかったことはないですか?」

といった言葉を聞くと、狼狽するか、一喝したくなるかだが、ここは若い世代から古い? 世代に投げられた難しい球ととらえ、キャッチボールをしなければ自由な議論の展望は開けない。

いま、当たり前に行われている継承活動が、どこかが違うのでは、と横手一彦（長崎総合科学大学）は違和感を抱く。曰く、「被爆体験の継承活動は、まるで原爆というパッケージの受け渡し。このままでは『縮小再生産』を繰り返すだけ」という。

「おもしろくない」との指摘に、「語り部は、聞く側が興味を持てるようにもっと工夫をすべきだ」というコメントがつくのも珍しくない。たしかにその通りだが、一方通行ではなく、「聞く側」にも求められるものがありはしないだろうか。

指摘の中には、「当日（9日）のことよりも、その後の半世紀に及ぶ被爆者の生き方をこそ語られるべきだ」というのがある。このことについては、指摘の通り、これまでの語りが9日中心だったことから、被爆者の戦後史に力点を置く本が出てくるようになったことは先に触れた。一方通行を是正する試みとしての「被爆体験の共有」だ。そのためには、言い古された表現ではあるが、

炎天下の被爆者=『写真集　原爆を見つめる　1945年広島・長崎』(1981年、岩波書店)

「人の痛みがわかる心を持つこと」が欠かせない。

平和教育は人としての生き方を学ぶもの

戦争や原爆に明るいものはない。その暗くて悲惨で残酷な平和教材に、子どもや若者をどう向き合わせればいいかという問題がある。資料や教材それ自体が持っている残酷さと、学ぶ側の発達段階とのバランスの問題である。被爆の人体写真には、しばしば「残酷だ」とか「暗すぎる」とかクレームがつけられる。生徒たちが、暴力とか核兵器とか戦争とか平和に関する問題に関心を持ち、やらされるのではなく自ら「知りたい」とか「学んでみたい」と自分に引き寄せるアプローチを見いださなければならない。

教師がどんな切り口を示すことができるかである。その際不可欠なのは想像力だ。被爆当時の写真は、たいていモノクロである。例えば、被爆者が道路に横たわっているモノクロ写真を見るとき、夏の炎天下であることを想起するかしないか、は

端島（軍艦島）　労務者として酷使された朝鮮人、中国人からは「監獄島」として怖れられた＝長崎文献社提供

だしで道路に立ったときの足の裏の熱さを想像できるか否かで、1枚の写真は大きく違って見えるはずである。

「またか…」、「原爆は酷かというに決まっとる」という生徒のつぶやきにどう向き合えばいいのか。ある新聞の連載記事にひとつのヒントを見る思いがした。

長崎市にあるN高校通信制では、1960年代後半頃から原爆忌直近の日曜日に、平和学習会を開いてきた（通信制の学校での授業は日曜日だけ）。ある年の8月、生徒と先生が朗読劇「端島1945～影のない少年たち」を上演した。強制連行された14歳の少年キムが、端島から船で長崎市に向かうラストシーン。

「自分の影を見たことがなかった。…太陽はこんなにまぶしかったのか」とつぶやく。炭鉱での労働が昼の時は暗い坑内に、夜勤の時は昼間に寝る生活だった。現在は長崎市の観光地になった軍艦島での加害の歴史である。N高校に戦争を被害と加害の両面から考える学習をめざす教師がいた。過酷な事実を伝えるだけでは、残酷物語で終わると考えた。そこで、教師が問題を投げかけ、生徒が考え、調べ、話し合いながら答えを模索していく。こうして獲得した知識などを自分の身体で濾過し、表現するなかみを創りだす。この学習過程が朗読劇という表現活動になり、教師も生徒も日本人の加害による朝鮮人の被害の辛酸を疑似体験したのだ。

平和クラブ担当教師の問いかける歴史授業に、ある生徒は「歴史は暗記科目と思っていた」と漏らしたという。戦争を加害と被害の両面から学ぶこうした歴史教育は、相手の立場でものを見ることのできる歴史認識を共有する「地球市民」へと生徒たちを導くのではないだろうか。平和教育は、人としての生き方を考え学ぶものである。

ところで、「むかし」→「いま」→「これから」という時の流れのどこに、子どもや若者は最も関心を持つだろうか。それは、自分が生きている「いま」である。彼らにとって原爆や戦争は過去のできごとなのだ。しかし、劣化ウラン弾による被害とか2000回を超える核実験の人的被害や環境破壊や核発電（原子力発電）の大事故などは、「現在」の核問題である。この問題はどこから来たのかを探っていけば、必然的に「過去」に向き合わざるを得ない。どうしても戦争や原爆に行き着くのである。そこで初めて「未来」を考えることが可能になる。自然の時の流れと異なり、学ぶ時間の順は「いま」→「むかし」→「これから」である。平和を学ぶ入口は、身近な「いま」なのだ。

被爆体験は、主として聞くものの感性に訴える。体験が思想化されるにしたがって、理性に訴える部分が多くなる。このどちらか一方だけでは、ギャップが大きい体験者と非体験者間で、共感や共有するのはむずかしい。感性と理性を両輪とした講話や授業の組み立てが必要である。

(4) 平和教育の必修化は

『希望の平和学』

1999年の「ハーグ平和アピール市民会議」が、最終日に「公正な世界秩序のための基本10原則」を発表した。その9番目が「平和教育は、世界のあらゆる学校で必修科目であるべきである」だった。平和教育が目指すものは、教育の目的そのものだから、平和教育はすべての教科の基底になるものである。平和のための教育でなければ意味がない。

2005年に長崎市にある私立校の活水高校で「長崎平和学」がスタートした。当初は社会科の1単位として普通科3年生だけが必修科目だった。その後、3年生から2年生に受講する学年を移行し、普通科だけではなく高2全員が必修になった。平和教育実施校は、全国にいくらでもあるが、必修指定は極めて稀なケースではないか。私は05年の創設から14年まで9年間、担当した。テキストとして拙著『希望の平和学』(長崎文献社)を使用した。後を若手で有能な研究者に託して出勤簿に捺印する生活に区切りをつけた。2番目の「平和授業必修校」の出現が待たれる。

義務制の小・中学校では、「熱心な教師が転勤すると、その学校の平和教育が途切れる」という声がよく聞かれた。担当教師の熱意に支えられている状況がみえる。平和教育とはなにか、なぜ必要なのかというスタートの土台について、校内研修などでみんなが納得できるようになるま

長崎平和学の授業=2011年、著者蔵

で、徹底的に議論することが不可欠だ。ここができれば、後はレールに乗って進められる。その議論を欠くと、教師たちは「やらされる」気持ちになって前に進めない。急がば回れである。

忘れられた非核宣言自治体の非核宣言

いま全国の自治体のおよそ9割が「非核宣言自治体」である。先の活水高校には、長崎市以外の市や町から通学している生徒もいる。長崎は県内22すべての自治体が、非核宣言自治体である。そこで、「みなさんの町は、それぞれ非核宣言をしていますが知っていますか」と毎年尋ねたが、ほとんどの生徒が知らなかった。自治体は宣言のしっぱなしの観があり、住民に知ってもらおうという手立てや熱意や意識に欠けているようだ。非核宣言自治体を国レベルで考えれば非核地帯に結びつくのだから、市民ができる核廃絶への貢献である。

非核宣言自治体標識=著者撮影

あとおよそ1割の自治体が非核宣言自治体になれば、日本列島はモンゴルの〃一国非核地帯〃に近い形になる可能性がある。〃おらが町〃の非核宣言を教育の場で生かさない手はない。市長など首長室の壁飾りに終わらせるのではなく、「非核宣言」は、学校という場で児童・生徒に知らせ、さらに住民へと啓発の輪を広げていくのに生かすのがいいのではなかろうか。

（5）被爆体験の世界化を

原爆は立場を超えた人間の敵

被爆者の話を直接聞いたことのある日本人は、人口比でみればほんとに微々たるものだろう。まして世界規模で見れば、さらに日本の比ではあるまい。被爆者の生の声は、そんなに世界に届いてはいないのである。被爆者の存在や被爆体験に関する見聞は、総じて活字や映像に委ねられたものだろう。

前に触れたように、1999年にオランダのハーグで「平和アピール市民会議」が開催された。開会式のひな壇には、諸外国の数十人が並んでいた。戦争の世紀を振り返り、暴力ではなく法が世界を律する世界の構築を目指す市民会議なのに、壇上に被爆者の姿はなかった。当時の「被爆者」の認知度がわかるような気がした。海外で普通の市民が被爆者の声を聞く機会はほとんどない。たまたま被爆者の体験を聞いた外国人の、「わたしたちの受けた被害は、もっと大きかった」といった被害の程度を相対化する声も聞かれるのである。ここにも被害と加害の問題が影を落としている。「一般の戦争、地域紛争、テロなどと被爆の違いがはっきりしない」という声もある。

第9条が主役だった
ハーグ平和市民会議

「第九条を広める会」のオーバビー博士（中央、帽子の人）は、「日本の平和憲法を知らない人が多い。日本が先頭に立って戦争反対政策を提案してほしい」と訴えた

オランダのハーグ
月十二日から十五日
日間、「ハーグ平和市
議」が開かれ、多くの
果をあげた。会議に
した新社会党運動委
の栗原君子さんに報
てもらった。
いまから百年前（
争四年後）の一八九
月十八日、オランダの
グでロシア皇帝が提
オランダ国王が賛成
本も含めた二十六カ
加して、国際平和会
かれました。
それから日露戦争後
九〇七年に開かれた

ハーグ平和市民会議=1999.6.1、週刊新社会

原水爆の被害が、いかに凄惨を極めるものであるかを世界に知らしめるのは容易なことではないが、被爆体験の継承を通じて「核兵器のない世界」を実現するためには、被爆体験の世界化を意識的に進めなければならない。原爆投下は戦争中のできごとだった。被爆者は限定されるが、戦争被害者は世界中にいる。戦争の中の原爆という視点が、世界化につながるのではないだろうか。こうした視点から被爆体験の世界化に貢

献できるのがマスコミである。

日本マスコミ文化情報労組会議が、毎年8月8日、長崎で「被爆を伝えるために」のフォーラム開催を継続している。数年前の同フォーラムで、地元紙記者の高橋信雄が、「被爆体験継承　メディアの課題」と題して報告した。課題とは「被爆者という教師」がいない時代のメディアの課題ということである。これからは自分の手で過去にさかのぼり学ぶこと、つまり死者の声を聞いて現在、未来に伝えることが使命だという。従って被爆体験を継承するとは、被爆体験（苦しみや怒りなど）を自分たちの問題として受けとめることでなければならないとする。ただ、マスコミはこれまで被爆者差別を真正面から取り上げてこなかったという、マスコミ当事者の反省も聞かれる。

高橋は、被爆体験の世界的共有のために、先ずはアジア各国のメディア間の交流が必須であると提起した。原爆被害を、いまを生きるわれわれの問題として提起し続けることが課題だと結んだ。

被爆体験の世界化を考える上でのヒントとしてここでも、舟越耿一の言葉を引用する。

《戦争責任をあいまいにしてきた日本の姿勢が、本来普遍的であるはずの核廃絶の主張を弱め相対化する原因となってきた。日本の侵略、加害、原爆投下も共に否定することのできる普遍的な不戦思想があるはずだ》。

ここにいうように、原爆は立場を超えた人間の敵なのである。思想化された被爆者の訴えは、核時代を生き抜くための人類の思想になりうる。

（6）「原爆」が、1日に1回頭をよぎるか

長崎原爆資料館の半旗=著者撮影

原爆資料館は、毎月9日にポールの「日の丸」を半旗にしている。月1回なので、このことは殆ど知られていない。長崎市役所が、9日毎の半旗をやっていないためか、公会堂や大型公民館といった公的施設も、毎月9日の半旗はしていない。残念ながら原爆資料館に丸投げである。

このような状況なので、期待できるのは学校である。学校でこれを実施すれば、子どもどうしや先生と生徒間、親と子の会話が期待できる。「あれぇ～。なんかいつもとちがうよ」、「先生、どうして～」、「おかあさん、きょうはね…」という会話が聞こえてきそうだ。

2016年9月時点で、長崎市内の3校の生徒たちが、毎月9日は「半旗」にしている。「あの日」の記憶を受け継ぐための、誰にでもできる日常化である。長崎市

の全校が、毎月9日を半旗にするのはあたりまえ、という状況を期待するのは、高望みだろうか。

もうひとつ、原爆資料館では、毎日11時2分を知らせるメロディーが、1980年から館内に流されている。2001年からは毎月9日の11時2分に、長崎市の200カ所以上の防災行政無線で「千羽鶴」のメロディーが流されている。「千羽鶴」もいいが、私は市が標榜する「長崎を最後の被爆地に」にぴったりの「原爆を許すまじ」がベストだと思っている。が、私の経験からいえば行政や学校の管理職諸氏は、なぜかこの曲を嫌がる傾向がある（この件については拙著『11時2分のメロディー』〈海鳥社〉に詳述した）。

メロディーといえば、かつてよく歌われた歌に『明日への伝言』（山川啓介作詞、いずみ・たく作曲）がある。「被爆体験の継承」という表現を詩的に言い換えれば、なるほど、「明日への伝言」である。どういうわけか、ぱたっと聞かれなくなったが、歌詞にはなにを伝えなければならないかが、きっちり書かれているので、ぜひ資料6を参照してもらいたい。この歌が聞かれなくなったのは残念だ。

つまずきの石=インターネット画像

使えなくなった時計の針を11時2分にセットして目に触れるところに置けば、「今は、もう動かない」古時計の新たな使い道になろう。これはかつて労組の平和運動の中で提唱された記憶があるが、長続きしなかった。長崎市内にも、多くの古時計がほこりを被っているだろう。古時計の第二の〝人生〟のために、新たな使命を与えてあげたいと思う。

ドイツの街では「つまずきの石」を見ることができる。「ホロコーストの犠牲者が最後に暮らしていた場所の石畳に10㎝四方の真ちゅうのプレートが嵌め込まれている。名前、生まれた年、死亡した年と場所などが刻まれている」と、「ドイツに学ぶ旅」（岡まさはる記念長崎平和資料館主催）の参加者がレポートしている。ベルリンを皮切りに、ドイツ国内はもとより各国に広がっているという。ナチスドイツの犠牲になった人を〝石につまずいて〟追悼するユニークな試みである。もちろん、つまずかなくてもプレートに気付くことは可能である。

（7）被爆の実相を学ぶための公的施設のあり方は

平和の発信基地としての機能

長崎の代表的な施設は、長崎原爆資料館や国立長崎原爆死没者追悼平和祈念館だろう。まず原爆資料館は「センター化」をめざすべきである。たとえば、原爆資料館に行けば原爆や被爆などについて知りたいことの相談にのってもらえるとか、資料館に行けば、平和関係の催し物が一覧できるなど、原爆や平和といったとき、まず念頭に浮かぶ頼りになる施設というイメージだ。長崎には原爆資料館に隣接した追悼平和祈念館もある。両者が平和の発信基地であり続けるためには、1万点を超える被爆資料や被爆写真資料などの整理、データベース化が緊要である。

保存も重要な役目だが、活用されてこその資料である。

展示できないかなりの非公開資料も含め、展示のあり方も課題ではないか。というのは、原爆資料館の前身は、国際文化会館内の原爆資料室だったが、現資料館のように資料が大きなガラスで仕切られた整然とした展示ではなかった。変な言い方だが〝雑然と整理〟されている感じで、生々しく恐ろしいような展示はインパクトがあった。建造物を粉砕し焼き払った爆風や熱線は、同時に人間も襲ったことを強く感じさせていた。なかには、脳が欠損した無脳症のホルマリン漬けの展示もあったが、いまは撤去されたのか見あたらない。きのこ雲の下で起こった人の苦しみや痛みを伝えたいという資料館の気迫のようなものがあった。このきのこ雲の下の惨状、とりわけ人的被害の痛みや苦しみの展示は、こだわり続けなければならない。

原子力発電と原爆

原爆は熱線、爆風、放射線を放出するが、他の兵器と最も異なるのは放射線を出すことである。ところが、熱線と爆風の展示スペースに比べて、「放射線による被害」の展示スペースはひどく狭い。もともと熱線と爆風の被害より分かりにくい放射線と放射線被害だから、平易な説明をするゆとりと、それなりの工夫が必要である。

放射線被害を前にした見学者は、東京電力福島第一原発の大惨事を連想するに違いない。1945年の広島・長崎の原爆被害に続く、アメリカの水爆実験による54年の第五福竜丸の被曝、79年の米・スリーマイル島の原発事故、86年のチェルノブイリ原発大事故、そして2011年の福島、と放射線被害は続いた。

しかし長崎の資料館は、原発に関する展示や記述はまったくない。ここは原爆資料館です、といわれそうだが、なんとなく腰が引けている印象は否めない。〝原爆〟資料館とはいえ、原発にまったく言及しないのは不親切である。「核」という根から出たふたつの幹が「核兵器と原子力発電」だからである。戸田清（長崎大学）は、核の軍事利用である「核兵器」に対比して、核の民事利用である原子力発電を「核発電」と呼び習わしている。「核兵器と核発電」、と並べると、言葉の背景が分かりやすい。

旧聞に属するが、１９５６年に広島の原爆資料館は、「原子力平和利用博覧会」の会場として使われたそうだ。原爆資料館を使うことの是非は、当時は論じられなかったという。多くの市民が原子力の「平和利用」という美名の国策と無知にからめ取られたのである。ひるがえって今、長崎の原爆資料館が、展示で原発に言及したからといって、クレームを付けられることはないはずだ。議論の余地があるのではないか。

「投下」か「落下」か、中心地の表記

公的施設の展示のあり方で疑問視された例は、沖縄にもあった。２０００年3月に新たに開館した「沖縄平和祈念資料館」は、用語の見直しをおこない、従来の「虐殺」を「犠牲」に、「集団死と思われる写真」を「沖縄戦で犠牲になった人たち」といいかえた。結果として旧日本軍の残虐性が薄められ、ものごとの本質が見えにくくなった。だれによるだれのための忖度だろう。戦時中さえ、東洋「平和」のためならば、といった。歴代政権は必ず不都合な言葉を言い換えて、真実を見えにくくするものである。

原子爆弾落下中心地のプレート=著者撮影

資料館の展示については、時として市民団体からクレームが付けられることがあるが、もっとも記憶に残るのは、原爆投下から50年の１９９５年、アメリカの国立スミソニアン航空宇宙博物館の「原爆展」問題だろう。原爆投下に至る太平洋戦争末期の歴史的事実に基づく企画だった。アメリカのある歴史学者は、原爆展の展示台本を「大学の優れた歴史教科書」のレベルと評価している。しかし退役軍人などの圧力団体は、原爆投下の正当性をはじめ台本が疑問視したすべてにわたってクレームをつけたのである。こうしてアメリカの良心にもとづく原爆展は、退役軍人らの圧力で葬り去られたのであった。理不尽なことだが、理性的な言動も巨大な激しい情動に圧殺されるのである。

爆心地公園にある三角柱の中心碑の後ろの低い塀に1枚のプレートがある。そこには漢字9文字で「原子爆弾落下中心地」と表示されている。長崎市のこの表示に、私は違和感を覚える。秋になると、公園の木の葉は落ちてくるし、棚から物が落ちることもある。原爆は果たして「落ちて」きたのだろうか。９０００メートルの空から落とした者がいたから落ちてきたのだ。落下では自然現象になってしまう。私は「原子爆弾投下中心地」と呼称すべきだと思っているがどうだろう。

２０１６年５月27日に、初めて被爆地広島を訪問した原爆投下国アメリカのオバマ大統領は、所感の冒頭で、「71年前、雲ひとつない明るい朝、空から死が落ちてきて、世界は変わった」と語り始めた。「落ちて」きて、といって「落とす」という他動詞は、注意深く、しかしさりげなく封印された。「空から死が落とされて、世界は変わった」のである。〝自動詞の原爆観〟からは、「原爆投下は誤りだった」は出てきようがない。立場を異にする両国の行政に通底する他人事の表現がおかしくもあり、おぞましいと思う。

ただ、うれしい反応もある。案内や講話時に「1文字の違和感」に触れると、次年度の修学旅行のしおりに「原子爆弾投下中心地」と表記する学校が出てきた。「投下」と書き直した大阪や福岡の小学校など十数校のプリントを、私はいまも保管している。

母子像、祈念像をめぐる論争

爆心地公園には、無用の長物がひとつある。長崎市が爆心地公園の原爆投下中心碑を撤去して、そこに別のモニュメントを据える計画があることを市民が知るところとなり、問題化した。1996年のことだ。連日の市民の中心碑前座り込みと11万人の反対署名で、市は中心碑の撤去を断念した。密かに製作されていたのは、万人の祈りの対象にはなり得ない「母子像」という大きな偶像だった。母子像の母（神？）は、バラの花をあしらったロングスカートを身に着けて、事切れた子を抱いている。行き場をなくした母子像は、それでも公園の一角を占めている。被爆者の心情を踏みにじる被爆都市長崎市政の愚だった。

愚の骨頂だったのは、市が11万の署名をあろうことか電算処理し、チェックしたことだった。市民は、「署名を分析されることなど想像も了解もしていない」（石村善治・元長崎県立大学長）。さらに、署名の中に知人の名を見た当時の市長は、「なぜ署名したのか」と尋ねたといわれている。引き取

行き場を失った母子像＝著者撮影

り手のない、少なくとも９０００余の無縁仏がある。遺骨さえ拾うことのできなかった遺族も多い。爆心地公園の中心碑は、こうした被爆者や市民にとって、いつしか墓標代わりになっているのである。長い年月の間に、いかに多くの人が追悼と平和の祈りを捧げたことだろう。爆心地公園内を通るとき、中心碑あたりにさしかかると必ず手を合わせる被爆者がいる。若い人の祈る姿もある。こうして祈りも継承されているのである。

偶像といえば、平和公園の平和祈念像である。長崎市が被爆10周年の記念事業として１９５５年に据えたものだ。被爆時、ここは長崎刑務所浦上刑務支所だった。当時収監され、爆死した81人中、中国人32人と朝鮮半島出身の13人が含まれていた。アジアの人が81人中45人と、その割合が過半数で異常だ。いまここは長崎市の観光名所である。観光客のお目当ては、刑務所跡ではなくもちろん平和祈念像だ。かつて長崎を訪問されたローマ法王ヨハネ・パウロ２世は、巨像の前でのミサを拒否し、爆心地公園に近い陸上競技場の特設会場でミサを執りおこなった。

ドル箱の祈念像に被爆者や当時の市民は、いまの観光客とは別の眼差しを向けた。祈念像のポーズをとって、はしゃぐ若い観光客と日夜病魔に蝕まれる被爆者の溝は、あまりに深い。

平和祈念像=インターネット画像

何もかも　いやになりました
原子野に屹立する巨大な平和像
それはいい　それはいいけど
そのお金で　何とかならなかったかしら
「石の像は食えぬし腹の足しにならぬ」
さもしいといって下さいますな
原爆後十年をぎりぎりに生きる
被災者の偽らぬ心境です
（福田須磨子の『ひとりごと』から）

長崎市の関係者は、次の一文をどう読むだろうか。

《～私は現代世界での記念像のうちで長崎の爆心地にある、あの神様とも仏さまとも、男とも女ともつかぬ、巨大にして醜怪極まりない、あの平和祈念像ほどにもひどいものはこの世に少ないと思っている。あの怪物は人々の悲しみと怒りを接受するどころか、不可解で傲慢無礼な威を帯びていて、あれでは祈ることも参ることも、とにかくなにをすることも出来ないであろう。あれが表象するものは、断じて平和ではない～》（『美しきもの見し人は』堀田善衛、芥川賞作家）。右手は空を指し、左手は水平に伸ばし、片膝を立てた座像の祈りのポーズは、長崎の珍しい風景かも知れない。

堀田と同じく芥川賞作家の青来有一（長崎市在住）は、「祈念像に感じる強い違和感が、今となっては原爆は何だったのかと問いかけるきっかけになるのかもしれません」という見方を提起している。

(8)「被爆体験」継承活動の模索

「平和憲章」制定や「平和特派員」認定など

被爆地ナガサキでは、これまでにさまざまな継承活動が模索されてきた。この中には、すでに活動を停止しているものや、いまも活動を続けているものがある。

被爆都市長崎は、それなりに子どもや若者のための平和事業に取り組んできた。長崎市の平和行政の企画、施策立案などのレールを敷いたのは、故・松永照正だといわれている。原爆資料館の前身の長崎国際文化会館館長を後に務めた。その子、松永幸子（埼玉学園大学、教育学）は、被爆体験を聞く機会が少なく、まして11時2分のサイレンも鳴らない東京で、ナガサキを伝える活動に学内の授業では勿論、地域に向けても取り組んでいる。私もインターネット回線で、松永教授の授業を受けている教員志望の学生たちに、何回か体験講話をしている。長崎にルーツを持つこうした人たちが、全国各地で人目につかないところでも、ナガサキを語り継いでいるにちがいない。

１９８３年に任意団体として発足した「長崎平和推進協会」は、２０１１年から「公益」財団法人として活動している。

１９８９年に市議会で議決した平和・非核都市宣言としての「長崎市民平和憲章」が、長崎市がおこなう種々の平和施策の出発点といえるものである。「長崎を最後の被爆地に」と謳う憲章で、

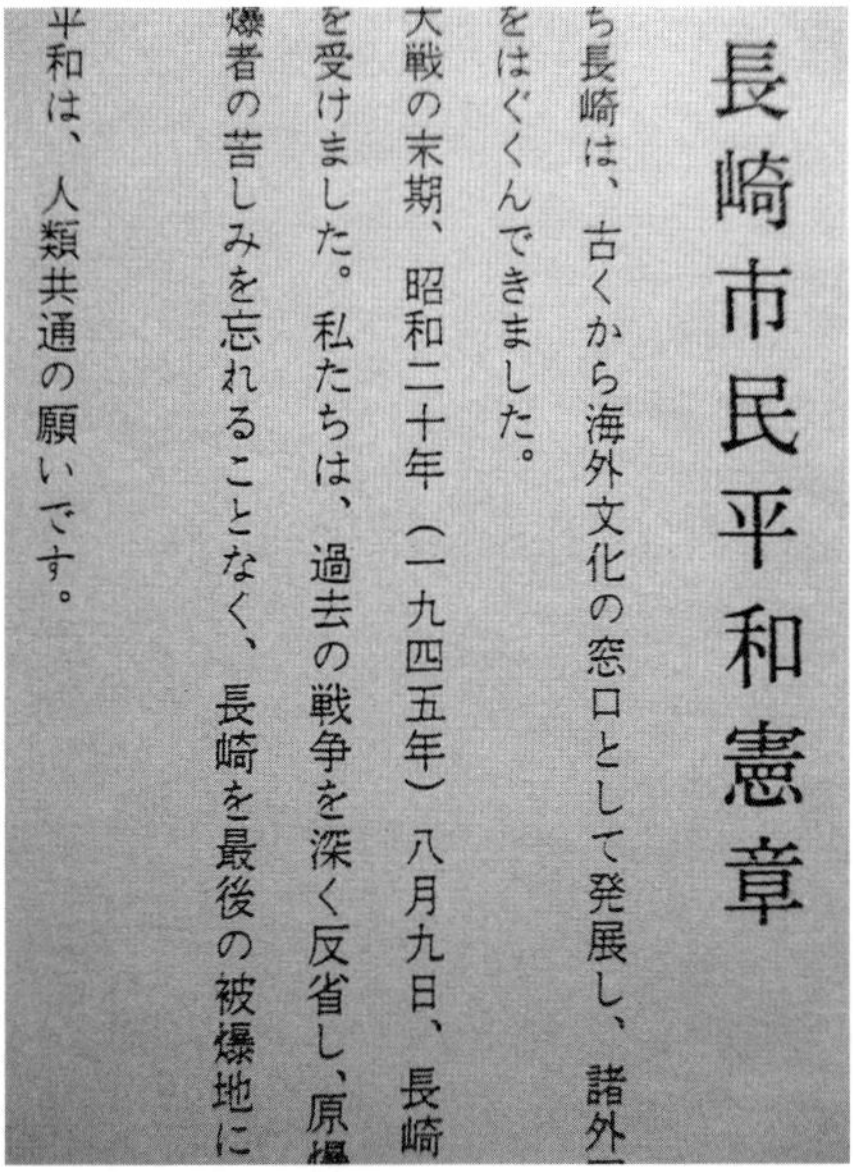
長崎市民平和憲章
ち長崎は、古くから海外文化の窓口として発展し、諸外
をはぐくんできました。
大戦の末期、昭和二十年（一九四五年）八月九日、長崎
を受けました。私たちは、過去の戦争を深く反省し、原爆
爆者の苦しみを忘れることなく、長崎を最後の被爆地に
平和は、人類共通の願いです。
長崎市民平和憲章の一部　「長崎を最後の被爆地に」が見える=著者撮影

継承の直接的な文言は、《一、私たちは、次代を担う子供たちに、戦争の恐ろしさを原爆被爆の体験とともに語り伝え、平和に関する教育の充実に努めます》である。憲章は、《この憲章の理念達成のため、平和施策を実践することを決意し》と、憲章を絵に描いた餅にしない覚悟を述べている。

憲章制定より10年早い79年に始まったのが、核廃絶を目指す「国連軍縮フェローシッ

ベルサーニ夫妻=2007.4.5、長崎新聞

プ」だ。開発途上国を中心に外交官や軍縮の専門家を育成するために、毎年被爆地長崎を訪問させるもので、83年からは日本政府の招請になっている。

核廃絶をめざす組織に「平和首長会議」がある。1982年6月の第2回国連軍縮特別総会で荒木武広島市長（当時）が「核兵器廃絶に向けての都市連帯推進計画」を提唱し、世界各国の都市に核兵器廃絶の連帯をよびかけ「平和市長会議」として発足した。1991年には国連経済社会理事会のNGOに登録された。2013年にいまの名称に変更した。16年現在、7196都市が加盟。20年までの核兵器廃絶をめざして運動を展開している。

豊島文（長崎市出身のオペラ歌手）とマッシモ・ベルサーニ（イタリアの地方紙「リベルタ新聞」の報道写真家）夫妻など、海外で「長崎の心」を伝える活動をしている個人や団体を「長崎平和特派員」に認定し、活動を支援する制度もある。豊島の里帰りに合わせて取材した被爆者のインタビュー記事などを、2000年から毎年「リベルタ新聞」は報道している。オノ・ヨーコやキャサリン・サリバン（軍縮教育家）などこれまでに約20人が認定されている。

その他にも憲章の具体策として現在おこなわれているものに、「青少年ピースフォーラム」がある。第1回は1993年（平成5）8月。全国の平和使節団と長崎の青少年が被爆の実相などを学び交流を深める。その際、「長崎市青少年ピースボランティア」の高校生や大学生がホスト役として、平和学習を進行したり被爆遺構を案内したりする。

長崎市の中学生を沖縄県に派遣し、長崎原爆と沖縄戦を学ぶ「少年平和と友情の翼」や、中学生が平和学習の成果を発表する「平和学習発表会」もある。

シンポジウム議論の堂々巡り心配

被爆50年の1995年に長崎平和推進協会は、「ながさき平和講座」を開講した。被爆体験を語り継ぐ後継者の育成を目指す活動である。6年に及ぶ講座は、2000年まで続いた。同協会は「ナガサキ学生平和ボランティア養成講座」を97年から開講した。この講座の受講者を中心に、98年、全国の学生どうしで平和について語り合いたいと、長崎で初めて「ナガサキ学生平和8・10（ハト）会議」を開いた。11大学の33人が参加。テーマの「被爆国の学生として何ができるのか」は、十分な議論には至らなかったようだが、遠くは岩手や山形からの参加もあり、「平和について考えることもなかった」学生の意識向上につながるか期待された。この8・10会議は、〝発展的解消〟で先の「青少年ピースフォーラム」と「青少年ピースボランティア」に引き継がれている。

99年7月に平和推進協会継承部会は、シンポジウム「長崎をどう継承するか」を開催、01年にも、シンポジウム「平和を若者へ―沖縄・広島・長崎を語り継ぐ」を開いて、戦争・被爆体験の継承について話し合った。4人のパネリストのひとりで沖縄のひめゆり学徒隊の生存者は、「二度と戦争が起きないよう体験を話すことが犠牲になった友達にしてあげられること」と語った。高校生、大学生からは若者に平和活動への関心を持ってもらうむずかしさや、「平和教育を受けてきたが、

ながさき平和講座=2000.1.8著者蔵

どう発信して活動するかがむずかしい」とのとまどいが語られた。

02年にも長崎平和推進協会は「継承を考えるシンポジウム～何をどのように継承していくのか～」を開いている。パネラーに「ナガサキ学生平和ボランティア」（98年、「ナガサキ学生平和会議」から名称変更）の代表ふたりが入っていた。

継承部会はさらに02年にシンポジウム「何をどのように〈継承〉していくのか」を開いて、高齢の被爆者と大学生が意見交換をしている。01年のアメリカのテロに対して被爆者として無力感に陥ったといいつつも、早く「若い世代に任せてください」となってほしい、などと複雑な心情もみせた。

03年から長崎市教育委員会は、小5，中2に平和学習の小冊子『平和ナガサキ』を配布しているほか、原爆資料館見学の補助、被爆体験講話の講師派遣、教職員の平和教

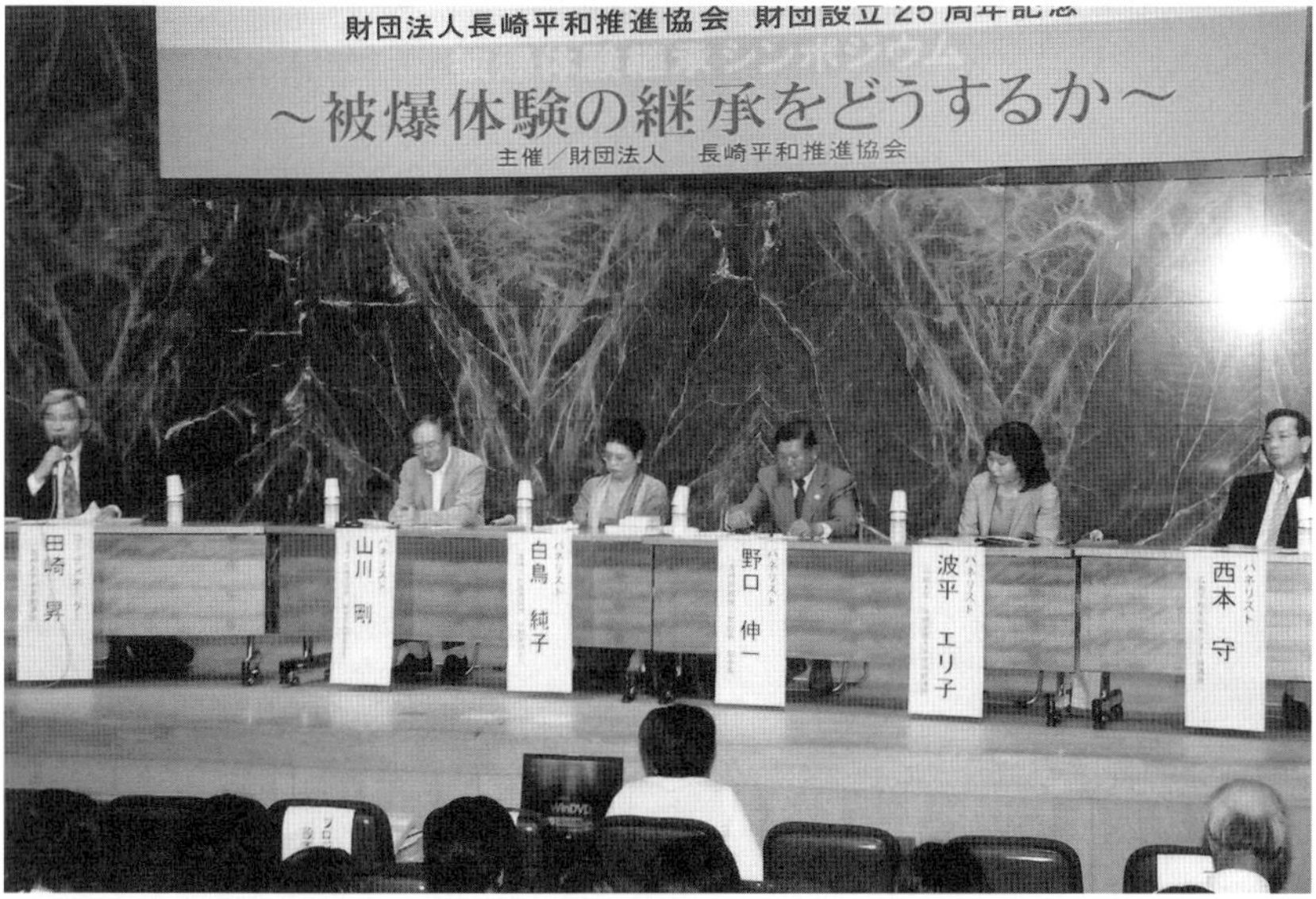

25周年記念・被爆体験継承シンポジウム=2010.3長崎平和推進協会25周年記念誌

育研修を開催している。

04年から前述したように、平和案内人の育成講座が始まった。

06年7月には、中学生による「原爆と平和を継承する集い」があり、被爆者や平和案内人と意見交換をしている。

09年6月、平和推進協会は設立25周年記念のシンポジウム「被爆体験の継承をどうするか」を開催した。パネリストは被爆者の私、被爆2世団体役員の男性、紙芝居に取り組む平和案内人の女性、沖縄の「壕プロジェクト」代表の女性、広島の被爆2世団体役員の男性の5人。会場からの発言で77歳の男性が、「もう黙っておれんと思うて、初めてこのような会に参加した。まだ私のような隠れた被爆者が無数にいるのではないか、そういう人を推進協会で探していただきたい」との発言が印象に残った。「隠れた被爆者」という言葉が重い。

すでにお気づきと思うが、被爆体験継承につ

第5回核兵器廃絶地球市民集会ナガサキ報告書＝著者撮影

いてのシンポジウムは、前述のように何回もおこなわれているのである。しかし、議論が積み上げられているという印象がない。やはり一発勝負や堂々巡りの思いが残る。これからの継承「問題」とする所以である。

20世紀最後の２０００年に、「核兵器廃絶　地球市民集会ナガサキ」が始まった。国内初のＮＧＯによる国際的集会で、延べ５６２６人（国外11カ国）が参加した。被爆者の故・山口仙二が開会集会で被爆体験を語り、「ヒバクシャ」「青少年」「女性」など10分科会で核廃絶や継承のための議論が行われた。地球市民の立場からの「長崎アピール」が採択された。この集会は、ミニ集会を除いて２０１６年までに5回開催されている。

このように20世紀の終盤から21世紀の初頭にかけて、次代を担う若い世代を中心にすえた行事が盛んになっていることが分かる。しかし、こうした会議や集会の多くは、いわば大人のお膳立てである。若者は、大人の思惑にはなかなか乗ってこない。これを打破する有効な手立てを見つけることも、継承問題のひとつである。

福山雅治の「クスノキ」効果

そのほか、継承活動には「ネバー・アゲイン・キャンペーン（NAC）」が、1985年に活動を開始した。アメリカに長期間滞在しながら、自力で伝えるべき相手を探し、ヒロシマ・ナガサキの被爆体験を伝える民間のボランティア活動である。開拓者のような活動であり、この種のボランティア活動としては、もっともハードな活動のひとつといえよう。

そのアメリカには、1956年にアイゼンハワー元米大統領が設立した「ピープル・トゥ・ピープル」という民間教育団体があって、毎年世界各地に数万の高校生を派遣している。この国際的な修学旅行団は、異文化交流を目的としており、平和問題に特化しているわけではないが、アメリカ以外の各国の文化をホームステイしながら体験して学ぶことは、若者の視野を広げることに貢献しているだろう。07、08年の「平戸・小値賀《おぢか》・長崎コース」は、世界48コース中トップの評価を受けている。彼らは長崎市では、原爆資料館見学や被爆体験講話を聞くなどしている。長崎での経験、見聞がアメリカでの若者の生き方に少しでも好ましい影響を与えることを期待したい。

96年には「プロジェクトくすの木」（梅崎由紀代表）が結成された。語り部としての山王神社の被爆くすのきを守ろうと、2世の苗木を全国に届けて被爆くすのきの生命力を人々に伝えている。2000年までに約80本の2世を届けたそうだ。その後の活動は、寡聞にして不明である。

その「くすのき」に関するちょっとした〝事件〟があった。長崎市の山王神社を訪れる観光客が、2014年に急増したのである。長崎市出身で被爆2世の福山雅治（シンガーソングライター）が、14年に発売したアルバムのなかの1曲「クスノキ」が、観光客の足を向かわせたようだ。これまで山王神社を訪れるのは、ほとんどが修学旅行生だった。大木の半分を爆風にちぎられ焼かれた

「被爆くすのき」は、過去の被爆を語り、未来を考えさせる現在を生きている。

これとは比ぶべくもない寂しさだが、こんなものいわぬ語り部もある。平和公園の片隅に、「原子爆弾無縁死没者追悼祈念堂」がある。弔う縁者のいない約900の死者たちである。動員を替わってくれたばかりに爆死した友だちの遺族捜しに、余生を充てた人たちの記録が、記事になっていた。気の遠くなるような努力を払っても、遺族の判明はごく少数だったという。無縁死没者も墓石も肉声を発することはないが、こうした余生を知れば、生者、死者双方の無念の思いが胸に刺さる。

(9) ヒロシマ・ナガサキの継承事業

広島は2012年から14年までの3年をかけて、「被爆体験伝承者養成事業」をスタートさせた。被爆者のいない時代の到来に備えるものである。ある被爆者の体験を伝えたいという伝承者が、長時間かけて詳細に聞き取りを行う事業である。

長崎市（被爆継承課平和学習係）は、「家族証言」の事業を始めた。2014年5月に被爆証言者の募集を開始、7月に市長、被爆者、被爆2世、3世によるオープニング座談会を開いて、「家族証言」についての共通理解をはかり、県外での講話をおこなうなど研修を重ね、15年3月に第1

非体験者が受け継いだ、被爆者の"体験"と"平和への思い"
～講話を聞くことも継承の第一歩。あなたも一緒につないでみませんか～

家族・交流証言フォーラム

日時：平成29年3月18日（土）13：30～16：30

場所：長崎原爆資料館ホール（長崎市平野町7-8 原爆資料館B1F）

時間	内容	講話者
13:30～13:35	開会	
13:40～14:10	①交流証言講話 ～被爆者から直接聞ける最後の世代として～ 田川博康さんの被爆体験	交流証言者 久家　江光子
14:15～14:45	②交流証言講話 ～核廃絶への強い思いを伝える～ 末永浩さんの被爆体験	交流証言者 吉田　睦子
14:50～15:10	✻若者の平和活動を紹介します！ ～若い世代の平和発信のチカラ～	青少年ピース ボランティア
15:15～15:45	③交流証言講話 ～高校生が継承するということ～ 丸田和男さんの被爆体験	交流証言者 原田　理紗子
15:50～16:20	④家族証言講話 ～ヴィオラの音色とともに～ 母・沖西素子の被爆体験	家族証言者 沖西　慶子
16:25～16:30	閉会	

ご注意＊講話の進み具合によって②以降の開始時間が変更となる場合もございます。
時間に余裕を持ってお越しください。

「語り継ぐ被爆体験（家族・交流証言）」推進事業について

入場無料・申込不要

連絡先：長崎市被爆継承課　TEL：095-844-3913

家族・交流証言フォーラムのチラシ＝インターネット画像

回の発表会を開催している。しかし、「家族証言」には、限界がある。そこで、長崎市は16年5月から、「家族」の枠に関係なく、広く被爆体験を「受け継ぐかた」と「託したいかた」の募集を始め、継承への支援をはかっている。名付けて「交流証言」。被爆者と交流のある人、あるいは、ある被爆者の被爆体験に感銘を受けた人が、その被爆体験を聞き取って証言することによって、継承の役割を果たそうとするものである。広島の伝承者養成事業よりゆるやかな、支援事業である。

「家族・交流証言フォーラム」が17年3月に開催され、1つの家族証言講話と3つの交流証言講話が披露された。継承活動への被爆都市の模索が続く。

（了）

資料

資料1．私の被爆体験講話
―何をどのように伝えているか

きょうの話は、皆さんにとっては昔の話です。でも、「昔々あるところに…」という昔話でしょうか。70年以上も前の出来事は、21世紀を生きている自分と、何か関係があるのだろうか、あるとすればどこでつながっているのだろうか。こんなことを頭のどこかに置いて聞いてください。これからの時間は、私とみなさんの協働作業で、いい時間にしましょう。

それでは、4つの柱を立てて話すことにします。

(1) 私の子どものころの世の中

第1の柱は、私が子どもだったころの世の中についてです。私が子どもだったころと、皆さんが生きているいまの世の中があまりにも違うので、まずこのことを話そうと思います。ほんとにそんな時代があったのだということを、スクリーンの資料を見ながら聞いてください。

戦時中の立て看板=『日本の歴史7』(1977年、ほるぷ出版)

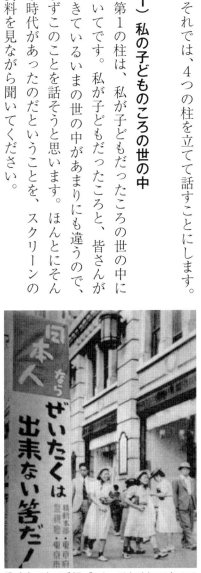

①立て看板　これは戦時中の東京銀座の通りを写したものです。大きな立て看板が見えます。「日本人なら贅沢はできない筈だ」と書いてあります。当時、贅沢とされていたことをやってしまうと、ただではすみません。

「お前はそれでも日本人か、この非国民が！」というのが最初の攻撃です。後にこの標語は、「贅沢は敵だ」と、より強化されました。

贅沢とはどんなことだったのかというと、国が女性のパーマネントを禁じたり、織物に金糸や銀糸を使わせないといった、細々したことをたくさん「贅沢」と決めつけ、庶民の暮らしをぎりぎりと絞り上げたのです。搾り上げて出てくるお金は、戦争に使うのです。

もっとも国民を苦しめたのは、思ったことを口に出せないことです。「戦争はイヤだ」とか「この戦争はおかしい」とか言おうものなら、官憲にしょっ引かれて、人目につかないところで暴力を受け、命を落とすことが起こったのです。いつも誰かに監視されて、自由にものが言えない息苦しい世の中が、戦争の世の中です。

③竹槍訓練　次に学校がどう変わったかを見ます。学校の運動場に集められたお母さんたちです。手に握っているのは「竹槍」という手製の武器です。お侍さんの槍のように、太い竹の先を鋭く尖らせたものです。敵に見立てたワラ束を竹槍でいっせいに突き刺しています。

竹槍訓練中の女性たち＝『庶民のアルバム総集編』（1975年、朝日新聞社）

お母さんたちがやらされたこの竹槍訓練を当時の女学生たちは、学校で強制的にやらされました。敵に見立てたワラ束を突き刺すということは、戦争になると、学校は人の殺し方を教えたということになります。女学生は、人の殺し方を先生に習ったのです。戦争は、学校をこのように変えたのです。

④標語　「鬼畜米英」は、戦時中のもっとも知られたスローガンです。「アメリカやイギリスの兵隊は、見たところ人間の姿をしているが、あいつらはひと皮むけば正体は鬼であり獣なのだ」と国民学校（今の小学校）の先生は教えました。いまこんなことをいえば、1年生でも吹き出すかも知れませんが、私たちはそう叩き込まれました。まず敵に対する恐怖心を植えつけます。それはやがて憎しみに変わります。「鬼畜米英」は、敵に捕まることを許さない言葉だったのです。そのため次に見るような悲劇が生まれました。

⑤断崖　これは敵が撮ったフィルムです。60メートルから80メートルの目のくらむような断崖から飛び降りた瞬間の日本の女の人です。崖のいちばん上は平になっていて、日本の男女が動き回っています。敵が迫っているからです。しかし、「どんなこと

鬼畜米英＝著者蔵

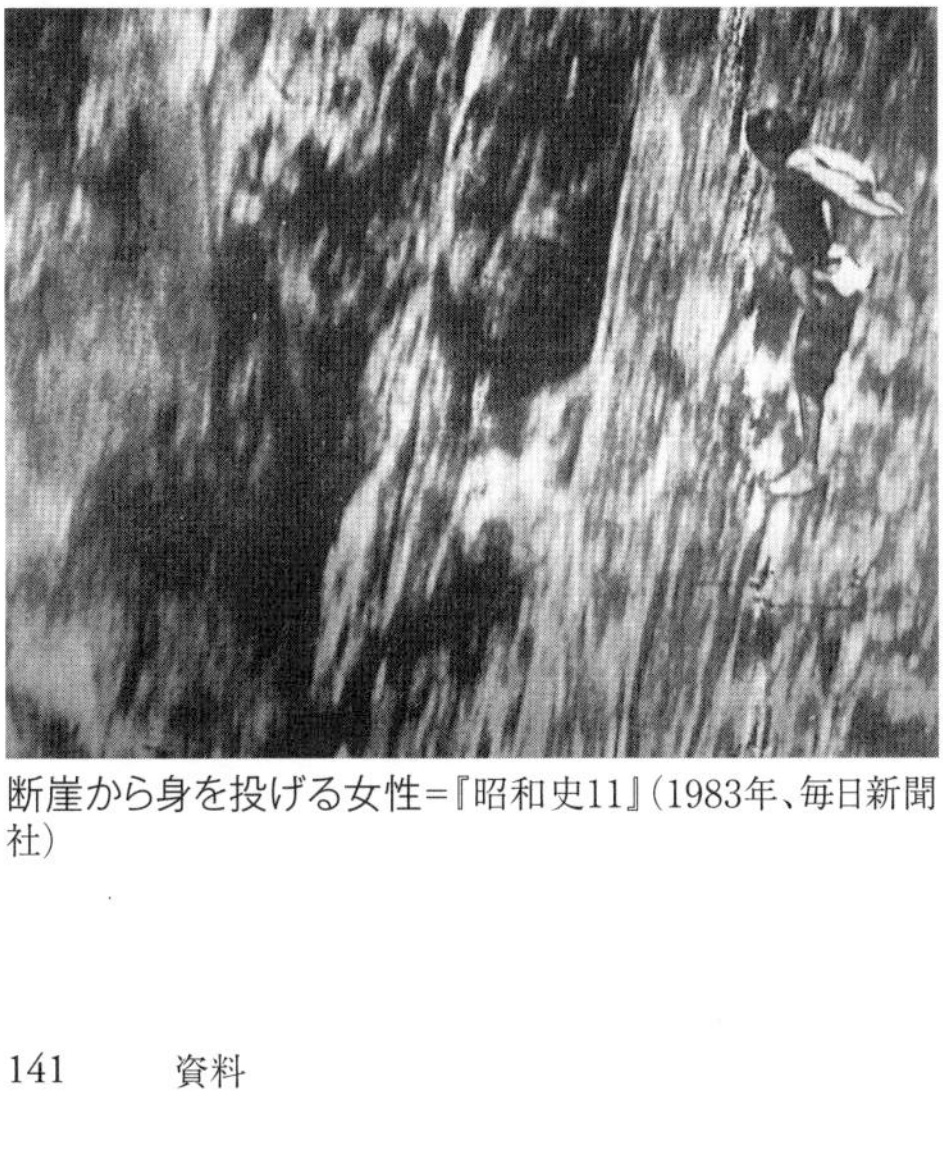
断崖から身を投げる女性＝『昭和史11』（1983年、毎日新聞社）

があっても捕まってはならん」と叩き込まれているので、捕まらないために次々に身を投げるしかなかったのです。立ちすくむ子どもを、大人が突き飛ばしたそうです。小さい子を抱いたお母さんもいたのです。

これで分かるように、戦争ほど命を粗末にするものはありません。「貴様らの命は、鳥の羽1枚より軽いんだ。喜んでお国のために命を捨てろ」。これが戦争中の命の重さでした。天皇陛下のために命を捧げることが、最高の美徳とされました。

皆さん、戦争だけはだれがなんといったってイヤだ、国に戦争だけはさせない、と胸張っていえる若者になってください。

⑥4枚の習字　次に私の1年生の時の習字です。「ノボルアサ日」と書いています。戦時中の1年生が、朝日から連想するのは「ヒノマル」しかありません。「ツヨイカラダ」とも書かされました。

習字「ノボルアサ日」=著者蔵

習字「ヒノマル」=著者蔵

習字「ツヨイカラダ」=著者蔵

習字「クニヲマモレ」=著者蔵

身体を鍛えろというのです。何のために？「クニヲマモレ」です。戦争になると学校は、戦争に備える教育をするのです。いま、国内で戦争はあっていません。これを〃平和〃だとすれば、平和のための勉強を精いっぱい頑張ってほしいと思います。

私が子どものころの世の中のいくつかの顔を見てきました。こんな世の中に戻りたいと思う人はいないでしょう？　でも油断すると戻りやすいのです。そうならないよう、世の中の動きに関心を持ってほしいですね。

⑵ 私の「あの日」

こんな世の中で、私は「あの日」を迎えました。ここからふたつ目の柱です。

「あの日」とは、１９４５年（昭和20）８月９日のことです。被爆地から遠い東京の若者は、８

月9日がどんな日か知らないのが普通になっているといいます。ある調査で、「長崎に原爆が落とされたのは、何年・何月・何日ですか」という設問に正解できた全国平均は、23％でした。「8月9日」と答えた割合はかなり高かったのですが、「1945年」を答えることができなかったのです。「あの日」が近くなるとマスコミの報道があります。つまり、夏の行事として知っているけれども、人間の重要な歴史的1年としては、捉えていないことが分かります。「あの日」は、夏の風物詩ではないのです。

私は国民学校（今の小学校）3年生で8歳になっていました。住んでいたのは、長崎市の南部にある南山手町で、美しい長崎の港が目の下に広がった小高いところでした。そう遠くないところに、いま観光地で有名なグラバー園がありました。

地図

地図で確かめてみましょう。長崎市は、東はずっと山がつながっています。西のほうも山がつながっています。ここが現在の爆心地です。つまり、長崎は東の山と西の山に挟まれた谷間が、主な被爆地域です。爆心地から真南に直線を引くと、この海岸にぶつかりますね。ここが私の被爆した地点です。爆心地から4・3㎞です。かなり離れていますが、地図を見れば分かるように、何にもさえぎるものがない地形の所ですね。

9日の朝は、ご飯を食べると勉強もしないですぐ遊びに出かけました。8歳の男の子が、坂道と坂段を駆け下りると4、5分でバス道路に出ます。道路を突っ切ると桟橋がありました。いまは石油の時代ですが、当時は石炭をいっぱい積んだ舟が往き来したりして桟橋は活気があり、子どもには危ない場所ですが、夏はよくこの近くで遊んでいました。

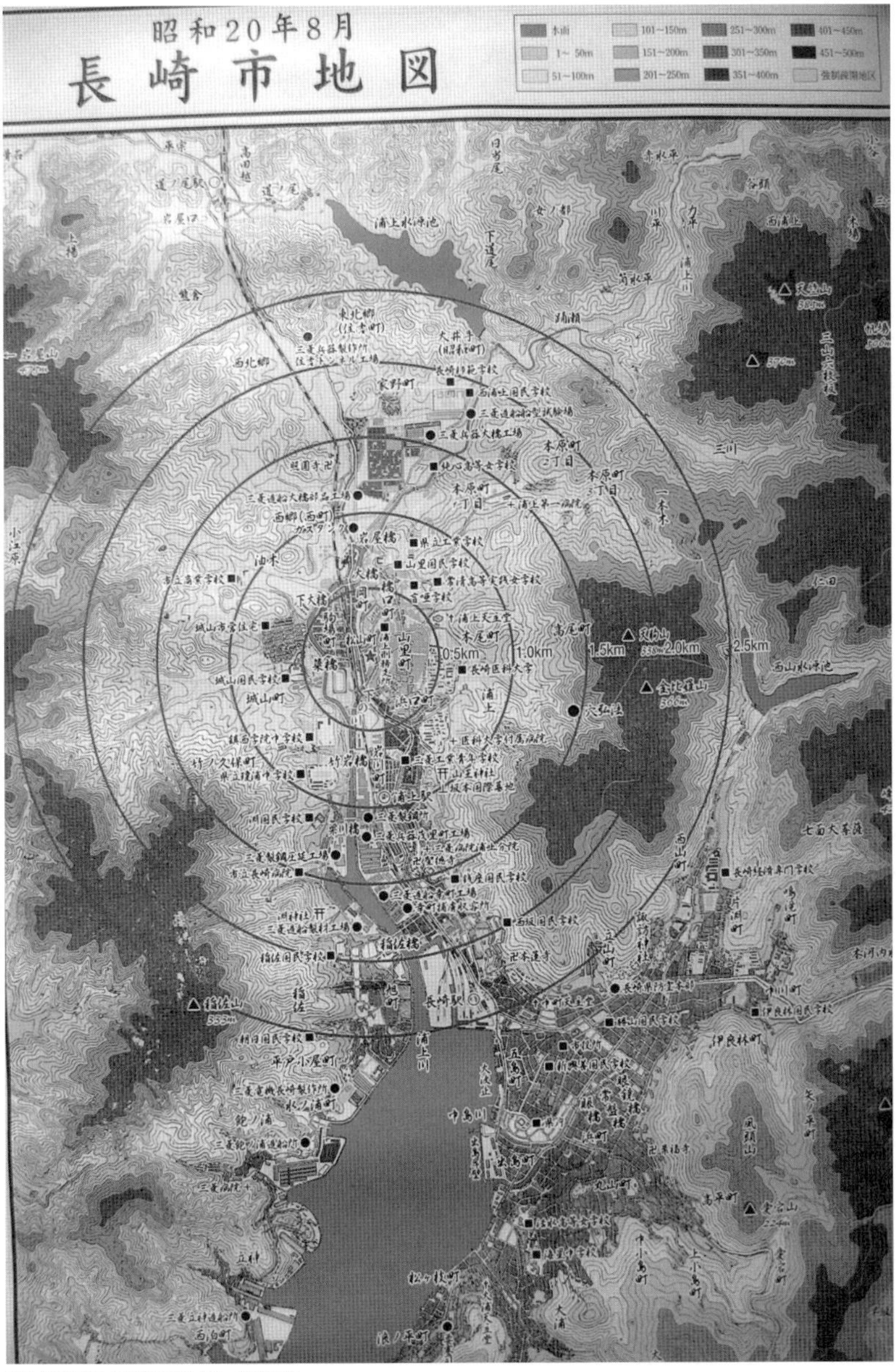

1945年の長崎市地図=著者蔵

遊んでいると急に「ウ～ッ、ウ～ッ…」とサイレンが鳴り響きました。空襲警報の合図です。これを聞くと、なにをしていても直ちに防空壕に逃げ込まなくてはなりません。家にいないとき空襲警報が鳴ったら、お前が今いる場所からいちばん近い防空壕に入れ、絶対に家に戻るな、と厳しく教えられていました。バス道路に沿った崖に、誰でも入れる町の防空壕があったので、そこに走り込みました。1943年に共同の防空壕を掘るよう、国が全国に命じたようです。私の家は裏に土手がなかったので、床下に掘っていました。親子4人が身体を寄せあって、敵の飛行機が飛び去るのをいまかいまかと待つまっ暗な穴でした。

かなり離れたところに爆弾が投下されても、防空壕に振動が伝わってきて揺れるのです。グラマンというアメリカの戦闘機が、機銃掃射といって、急降下して機関銃を撃ちまくるときほど、強い恐怖を覚えることはありませんでした。まっ暗な穴の中で身体が小刻みに震えます。そして8歳の子どもに「きょうで死ぬとやろか」とつぶやかせるのです。それほどの恐怖でした。

さて、1回目の空襲警報は、意外と早く解除になりました。しかし、まだ用心のためにすぐには外に出ません。大人たちはまっ暗な中で、世間話でもして時間を潰していますが、8歳の子どもに、まっ暗な穴の中にじっとしてろというのは酷です。私は大人の隙を見計らって、うまく外に出ました。遊ぶといっても、おもちゃを持っているわけではないので、手に入る土と水で泥遊びをしました。泥を両手で丸めて団子を作って足元に並べていました。

すると、小高いところにあった私の学校の屋上に常駐していた見張りのおじさんの声が、メガホンを通してかすかに聞こえてきました。おそらく声を限りに「敵機ぃ、敵機ぃ！」と怒鳴っているのです。サイレンは鳴りませんでした。だからおじさんの判断です。空襲警報は解除されているのに、聞こえてくる爆音は、間違いなく敵機だと確信したのでしょう。このままだと大変なことになると判断して、空襲警報を自分でだしたのです。鐘を叩く音が聞こえてきました。これも空襲警報です。私はいつもならすぐ防空壕に潜り込むのに、この時は手のひらに泥団子を載せて、少しぐずぐずしていました。しかし、私の耳にも爆音が入ってきました。その時私は、長崎弁で独りごとを言ったのです。

「あ、こいはB29ばい（あ、これはB29だ）」。泥団子を足元に置いて立ち上がったその時、「ピカッ！」ときたのです。周りの風景が一瞬消えました。真っ白く輝いた光に包まれたからです。その光は、熱線でした。左の顔面に今まで経験したことのない異常な熱さを感じました。何が起こったか分からないのに、「熱っ！」と防空壕に飛び込みました。その数秒後、爆風が来たはずですが、防空壕の前を吹き抜けたので飛ばされることはありませんでした。左の顔面は、幸い傷には成りませんでしたが火傷をしました。今から見れば、ちゃちな原爆でしょうが、それでも4キロ先まで確実に熱線は届いていたのです。いくら「熱かった！」といっても、皆さんには想像のしようがないと思いますが、原爆資料館に手がかりになる写真が1枚あります。

⑦倉庫　当時、グラバー園の直ぐ下に陸軍の要塞司令部があったのですが、これはその建物の一つで物置です。板壁には防腐剤として黒っぽい液体のコールタールが塗ってありました。一人の監視兵が、屋根から、

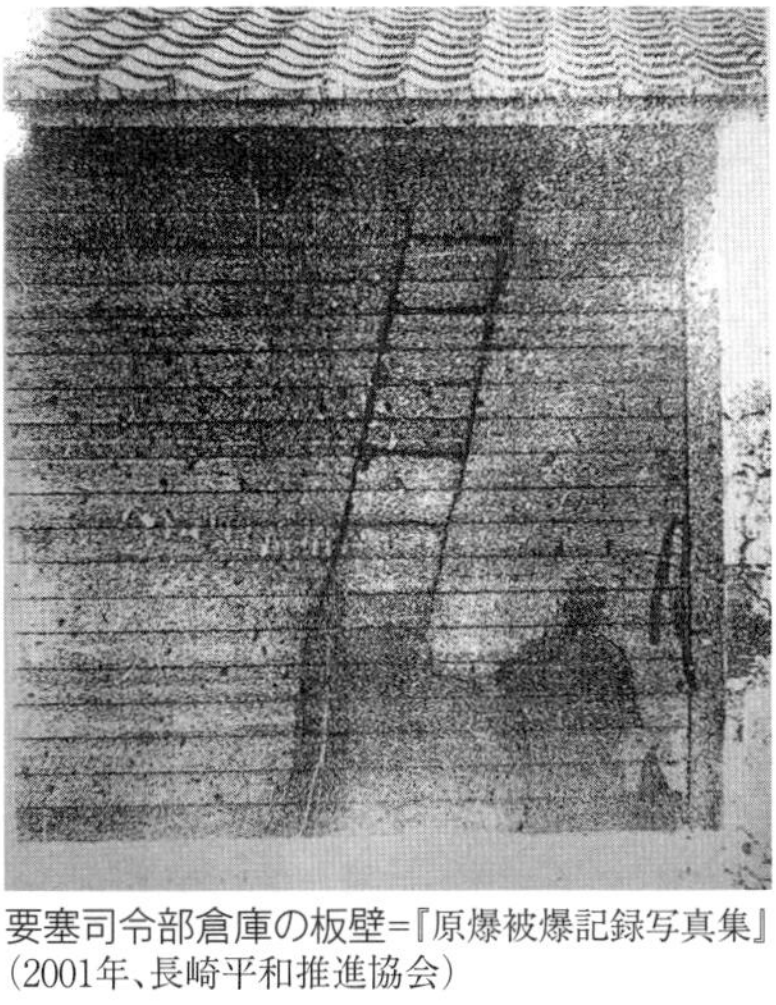

要塞司令部倉庫の板壁＝『原爆被爆記録写真集』（2001年、長崎平和推進協会）

はしごを伝って下りてきました。銃剣を吊したベルトをズボンから外して板壁の釘に引っ掛け、上着のボタンを外そうとしたとき、原爆の熱線に襲われたのです。板壁の前に立っていた兵士と、銃剣を吊したベルトと、はしごは、熱い光をさえぎったのでコールタールが、ほぼそのまま残りました。さえぎるものがなく熱線を直接受けたところは、コールタールがはがされたので白っぽくなっています。4キロ先のコールタールをはがす熱線を柔らかい皮膚に受ければ、火傷ぐらいは当然するわけです。どのくらいの熱さだったか、だいたい想像できたでしょうか。

しばらくして壕を出て家に戻りました。私だけ家にいなかったので、とても心配したそうです。家の中は、物が散乱していましたが、両親も動員先の工場から戻った女学生の姉も無事でした。その夜遅くまで、真っ赤な空を家族と見ていました。

⑧爆心地付近　その後、私と姉を田舎に避難させるために、家族4人で通った爆心地付近の写真です。歩いている人が見えますが、これが当時の県道で、この左手が現在爆心地公園になっています。黒焦げの焼死体や外側だけ残った電車が見えます。建物は倒壊ではなく粉砕されています。

⑨8月9日の写真　最後の資料ですが、この上空から米軍は2回写真を撮っています。これは、8月7日の写真です。原爆投下2日前です。建物がびっしり建っていることに注意してください。ここが現在の爆心地公園です。当時は公園ではありません。この上が現在の平和公園で、当時は刑務所でした。爆心地から500

爆心地付近の惨状=『組写真　ヒロシマ・ナガサキ』(1980年、日本教職員組合)

メートルのここが、およそ１５００人の子どもが通っていた城山国民学校（現在の城山小学校）です。この学校は、九州でも指折りのマンモス校で、６年生は毎年２５０人以上卒業していたそうですが、この時卒業できたのは、男子５人、女子９人だけでした。生き残ったのは、全校で１００人にもならなかったのです。画面の上から下に蛇行している黒いのは、浦上川です。この流れを頭に入れてください。被爆後の写真にこの流れが写っていたら、被爆前と同じ場所ということになります。

⑩被爆後　これが被爆後の写真です。浦上川がありますね。ここが、城山国民学校です。鉄筋コンクリート校舎の外壁だけは、なんとか残っていますが内部はがらんどうです。被爆前とここは同じ場所ですが、まるで別の場所ですね。こんな場所を「原子野」といいます。永井隆博士は、「地球が裸になった」と表現しました。壊滅的な被害を受けたのは、浦上を中心に南北約４キロです。長崎原爆の犠牲者は、この４キロを中心に、約７万４０００人に達しました。見えなくなったのは建物だけではありません。ここにいたたくさんの人たちがいなくなったのです。

被爆前（8月7日）の爆心地付近＝『原爆被爆記録写真集』（2001年、長崎平和推進協会）

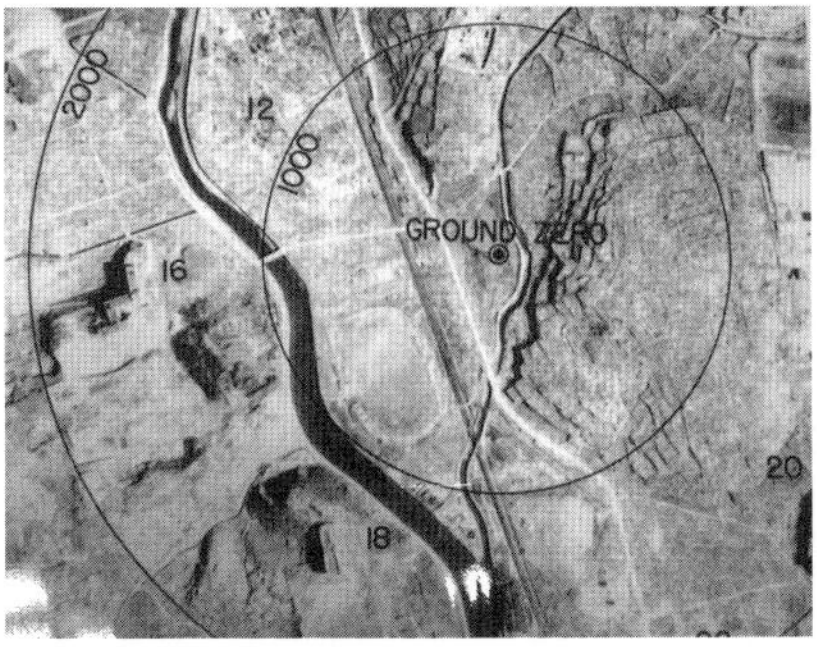

被爆後の爆心地付近＝『原爆被爆記録写真集』（2001年、長崎平和推進協会）

（3）被爆者の願い

生き残った被爆者のひとりとして、私がいちばん願っているのはなんでしょうか。ここから3つ目の柱です。

それは、「二度と被爆者をつくらない」ということです。私たちだけで、あんなことはもうたくさんだ、ということです。戦後ずっと言い続けてきた「ノー・モア」は、そういう気持ちを込めた言葉です。皆さんたちを将来、どんなことがあっても被爆者にさせてはならない、ということです。

「二度と被爆者をつくらない」ことを別の言葉で言えば、「核兵器ゼロ」ということができます。地球上の全核弾頭は、15350発と推計されています（長崎大学核兵器廃絶研究センター、2016年）。「二度と被爆者をつくらない＝核兵器ゼロ」ということです。なぜゼロでないといけないのでしょうか。1発ぐらいあってもいいと思いますか。では、先ほどの〝平和の公式〟にゼロの代わりに1を入れてみましょう。

二度と被爆者をつくらない＝核兵器1

等号は成り立ちますか？　1発あれば数万の人を殺せるし、新たに被爆者を生み出します。

等号は成り立ちません。だから核兵器は、ゼロでないと意味がないのです。

私たちは自分たちの体験からも、「人類と核は共存できない」ことを確信しています。私たちが、被爆体験を語り継ぐのは、私たち世代のためというよりも、これから生きていく皆さんたちや、その後に続く人たちのためです。

（4）被爆者の願いは、かなえられるか

最後に4番目の柱です。

私は実現できると確信しています。世界のおよそ200の国は、殆どが武装国家、つまり軍隊を持っていますが、20数カ国は独自の軍隊を持ちません。世界で一番面積の小さいヴァチカン市国をはじめ、小さな国が殆どですが、オセアニア（大洋州）の軍隊を持たない9つの小さな島国も、領海を含めると太平洋のかなりの面積になります。軍隊のない国といえば、中央アメリカのコスタリカ共和国といわれるほど有名ですが、ヨーロッパにもアイスランドなど軍隊のない国はあるのです。残念ながらアジアとアフリカは、全て武装国家です。しかし、世界の1割以上の国に軍隊はないのです。

次に、長いこと戦争をしないできている国があります。日本はまだ新参者ですが、それでも70年以上戦争なしで、外国の人を戦争で殺していませんし、殺されてもいません。軍隊のない国コスタリカは、およそ160年戦争をしていません。しかも、非武装中立を宣言しています。スイスとスウェーデンは、軍隊を持っている国ですが、およそ200年、2世紀にわたって戦争をしていません。この間、世界中が戦争に巻き込まれた世界大戦が2度ありましたが、参戦していないのです。戦争は運命ではありません。戦争は、しなければしないで済むのだという証拠です。きっと、戦争をしなくてもやっていける仕組みがあるのではないでしょうか。この〝平和の秘密〟を見つければいいのです。

長い間、戦争を放棄している国が実際にあること、軍隊なしでもやっていけることは、私たちに戦争のない世界は夢物語ではない、といっているようです。更にいえば、日本の憲法のように、

国に「戦争をさせない」仕組みが世界に広がれば、被爆者の願いは、かなえられるのです。憲法9条は、国を守るのに手を使うな、口だけ使えと言っています。

核兵器が使われたら、どんなことが起こったのかを体験した被爆者の記憶を語り継ぐことは、核兵器のない世界が実現するまで、粘り強く世界に発信しなければならないのです。

資料2．私の被爆体験講話は、どのように受けとめられているか

被爆体験を聞いた子どもたちから、お礼として感想文がたくさん寄せられる。文章まるごと紹介したいが、数が大幅に限定されるので短い言葉として抜き書きせざるを得ない。

以下の子どもたちの言葉のいくつかに、必ずや胸を突かれるに違いない。子どもならではの受け止め方や気持ちの表現が、なんとも新鮮である。

○伝えます

［被爆者の話を伝えたい、と書いてくれる子どもたちは多い。そんななかで、小学校低学年の子どもは、伝えたい相手をイメージして書いていることがある。漠然と「伝えます」より、ほんとうに

伝えるのではないかと思える。これからにつなぐという子もいる。」
・おとうさんにも、おかあさんにもつたえます。（小学生）
・きょういえにかえったら、おしえてもらったことをおとうさんやおかあさんにおしえたいです。（小）
・今度は私が語り手になって他の人に語りついでいきたいです。（小）
・今日は「かたりつぐ集会」なので、まだ何年もこのことをおぼえて、大人になってほかの人にも話していこうと思いました。（小）

○家族、親戚の中に被爆者や戦争体験者がいる

［長崎市内の学校でも、「私のおじいちゃんは（おばあちゃんは）～」という感想文が1つもないことがある。これは、教師が家族や親戚の中に被爆者がいないかを子どもたちに尋ねさせることで、身近な被爆者の発見につながる可能性がかなりあると思われる。しかも、時間はあまり残されていない。］

・私のひいばあちゃんにあたる人はひばく者です。ひばく二世のじいちゃんから聞きました。（小）
・もしふくおかにおとされていたら、おばあちゃんはしんでいてお母さんもいなくてわたしもいないとお母さんははなしていました。でも、うれしいとはぜんぜん思いませんでした。（小）
＊身代わりになった長崎の悲劇を想起しての思いだろう。次の感想と重なる。
・私の祖父母は北九州の小倉に住んでいました。もし小倉が晴れていたら、祖父母は亡くなるか

くりつが高いから、母はこの世にそんざいせず、もちろん私もこの世にはいません。私は長崎の人々のぎせいの上になりたっている命なのです。（小）
・僕には被爆したおじいちゃんがいました。おじいちゃんが生きている間、一度も被爆当時の状況を聞いたことがなかったからとても後悔している。（中学生）

○決意表明

［文末にはたいてい子どもたちの決意が書かれている。ずっと忘れないでその気持ちを持続してほしいと願わずにはいられない。］

・こんどからてをださずにくちでいいます。（小）
・わたしは、くちでへいわをつくるようにします。（小）
・だれもへいたいになって死んだりはさせません。（小）
・もう絶対に戦争はさせません。（小）
・１９４５年８月９日11時２分のことを、もう一度おこそうというのならわたしはその人をけっしてゆるしはしません。原子爆弾を作った人もゆるしません。（小）
・戦争は絶対しません。かく兵器もつくりません。70年前、もう過ぎてしまったことはどうにもできませんが、これからはどうにかできるはずです。戦争はだめだ、と言える大人に必ずなります。（小）
・わたしは、おとなになってもやさしいおとなになりたいです。（小）

・何年も何年もうったえ続ければ、きっと外国のいろんな国が核兵器のはいぜつをしてくれると話を聞いて思いました。（小）
・核兵器は減らすのじゃなくてなくさないといけないと思いました。（中）
・大人になったら積極的に政治に関わっていきたいです。（中）
・もう二度と戦時中のようにはならない政治をつくりたいです。（小）
・戦争はしちゃいけないと思ってばかりじゃだめなんだ。それをじつげんできるようにまずは今の私たちにできることからやりたいなと思いました。（小）
・今のひとつひとつの行動が、戦争があるかないかにつながってくると思うので、これからの行動に気を付けたいです。（小）
・私の夢は小学校の先生です。スウェーデンを目標にがんばっていきたいです。（小）
・スウェーデンの平和の秘密を調べることを、私の夏休みの課題にしたい。（中）
・戦争が起こりそうになったときは、戦争は反対といえる人になりたい。（小）
・戦争は絶対にどんなことがあっても、イヤだと言いきれるひとにぼくはなりたい。（中）
・「二度と被爆者をつくらない＝核兵器ゼロ」。この平和の公式を絶対に忘れない。（中）

○子どもの〝古典的〟な疑問

「もう何十年も前から子どもたちは「なぜ戦争をするのですか」、「なぜ原爆を落としたのですか」と大人、とりわけ教師に疑問をぶつけてきたが、文書できちんと回答をしてこなかった。学校から頂く感想文に、今もこの疑問を書いたものが必ずある。難問だが教師を鍛えてくれる質問に、教師集団として回答を迫られているのではないだろうか。」

・なんでそんなせんそうをしなければならなかったのかがそうぞうができません。(小)
・げんしばくだんは、どうしてつくられたのですか。どんくらいのおおきさですか。(小)
・「平和」とは戦争がないだけのことなのでしょうか。(中)
・なぜ長崎に原子ばく弾を落としたのかなと私は思いました。(小)
・なぜ戦争になったのか、アメリカはなぜ長崎に原子ばく弾を落としたのか。(小)
・日本はなぜ戦争という道をえらんでしまった。(小)
・なぜあらそいごとをするのか、私にはわからないけれど、1つだけわかる。それは、自分、自分と自分のことしか考えてないからだと思う。周りの人のことを考えている人は、戦争はしない。(小)
・なぜこれだけの死者が出る前に戦争をやめなかったんですか。(小)
・なぜスイスやスウェーデンはせんそうをしなかったのですか。(小)
・なぜこんな不幸にしてしまった原子爆弾を今も持っているのか。(小)

○世の中の動きに目を向ける

「平和について考える入口は、「いま」である。世の中の動きに関心を持つことだ。そうするときっと、「えっ!どうして?」という問題にぶつかる。「いま」を切り離した「むかし」の勉強では、物知りにしかならないだろう。」

・原爆のニュースは、8月9日が近くなると放送される。日本人が8月9日を「歴史」としてではなく「行事」として認識してしまっている。（中）
・最近この日本では、憲法が戦争のできるようにへんこうされそうになっています。（小）
・世間で憲法改正が問題になっています。もし日本がまた戦争の時の考えに戻ると、同じ過ちを繰り返すことになります。（中）
・日本は戦争しないと言っているのになぜ自衛隊がいて、戦車などがあるのかと思いました。（中）
・他国の戦争に日本も参戦できるようにしようという動きが出てきました。個人的にはそれは間違っていると思います。（中）
・集団的自衛権行使、領土問題、歴史問題など、日本にはまた戦争をしてしまいそうな問題がたくさんあります。（中）
・集団的自衛権や安保法案などで問題になっているが、これでは2度経験した原子爆弾での被害から何も学んでいないじゃないかと思う。（中）
・核兵器を持っている国がえらいというのが心のどこかであったけど、そんなことは無いということがわかった。（中）
・僕は、今の日本は平和ではないと思います。（中）
・残酷すぎるという理由で、アメリカではその写真を展示できなかったと知りました。（中）
・私は沖縄生まれでよく行きます。その時に、アメリカ人や基地を見てどうしてかなと思います。（小）
・いま原子爆弾をおとされたら、ぼうくうごうなんてないからたくさんの人がなくなると思います。（小）

・オバマ大統領訪問のさい、核のかばんを持ってきたことを知って、広島に核が持ち込まれたと思いました。（中）

○改めて思ったり知ったりしたこと

［これまで知らなかったことを聞いて、新鮮な驚きや、やっぱりそうだと再確認したりということがかなり書かれている］。

・戦争っておかあさんたちもたたかっていたんですね。（小）
・自分の国がされてはいやなことを、人の国にするということがダメだと思います。（小）
・「平和になると明るくなる」という言葉から、いま普通に電気をつけられているありがたみを感じました。（中）
・血が写ってない写真も戦争だということが分かりました。（中）
・ひ爆前とひ爆後の写真を見たとき、家や人々がいた黒が一しゅんにして、なにもない白に変わったことが言葉に言いあらわせない気持ちでした。（小）
・私達は、世界で2カ所しか原爆が落ちていない、その1カ所にいるので、私はきっと神様が「原爆のことをもっとたくさんの人に伝えなさい」そう伝えているんだと思います。（小）
・私たちはまだ子どもで、何もできないけど、原爆で亡くなった人たちのかわりに生きるってことができます。（小）
・ひばくしゃのねがいは、私たちのことを思っている願いです。（小）

・ひばく者のねがいは、ひばく者いがいもそう思っていると思います。(小)
・わたしのじいじは、さが県うれしの市にいて、小学生のころピカッとひかるのをみたそうです。(小)
・ホールから外に出たとき、とてもまぶしかったけど被爆者はこの光の1000倍の光をあびたとおっしゃっていたので、自分がその場にいるような想像ができた。(中)
・昔のぜいたくは、今のあたりまえのことだということも知りました。(小)
・あたりまえのようにしていることは、あたりまえではないんだと思わされました。(小)
・自分の手は、人をきずつけるためにあるのか、なにをするためにあるのかを考えます。(中)
・私はスイス人のハーフです。スイスが200年平和な国だったことは知りませんでした。スイスから来たパパは、スイスは平和な国だってことは言っていました。(小)
・戦争では、本当とうそが逆になるという話がありました。うそが本当になったから戦争は起きたんじゃないかと思いました。(小)
・戦争では、私は人間が人間でなくなってしまうと思います。(小)
・戦争でいったいなにが得られるのでしょうか。失うものだけしかないのだと思います。小さい子どもでも「がまん」はできるのです。核開発も「がまん」すべきです。大人げないです。(中)
・学校の先生でも戦争はいいことだといわなければならないということがつらかっただろうと思いました。(小)
・強く心に残ったのは「戦争は運命ではない」という言葉です。(小)
・日本では子どもがひとり死んだ事件はテレビなどに出るのに、世界で一日数万人死んでいる子どもたちのことは、テレビや新聞などにもでないということが、とても心に残っています。(中)

・1という数は小さいかも知れない。けれど、その1発があったからたくさんの人の命が亡くなったと思うと、1も大きい数に思えます。(中)

・なにか言うだけでは世の中、世界は変わりません。〝実行〟すればいいのです。(小)

・口では簡単に、戦争は絶対に起こしてはいけない、みんなが平和に暮らせる世界にしようと言っているけれど、行動にうつせているのでしょうか。(中)

・食べものも生きもののいのちをもらっているのでありがたく食べたいと思います。(小)

・せんそうになったら、わたしたちがころしあいをしないといけないから、せんそうがなくて平わな世界がいいです。(小)

・ゆずりあえばすむことを、ばくだんやじゅう、せんとうきなどであらそうことは、ぼくは考えて動いてないのではないかと思います。(小)

・平和の反対は暴力。ぼくはこれまでしてきた暴力が、平和をみだしていると思い、胸が痛むような気持ちでした。(小)

・平和の反対語は〝暴力〟だと聞き、私にも小さな暴力を減らすことはできます。(中)

・原子爆弾がまだ世界中にたくさんあって、その一個一個は長崎で投下されたものの何倍もの威力を持っていることに、これもまた改めて思い知った。(中)

・二度と戦争が起きないようにと願うことは誰でもできます。しかし二度と戦争ができないようにと動くのは、これまでたくさんの被爆者の方々から当時のこと、戦争の悲惨さを聞いた私たちの使命だと思います。(中)

・選挙で戦争をしない人をしっかりえらんでいくためにも、社会勉強が大事だなと思いました。(中)

○誤解（＊は、私のコメント）

・げんばくが、いつどこに落ちるか分からないので十分に注意をはらって行動をしようと思いました。（小）

＊核兵器が使用されたら、どんなに注意して行動しても被害から免れることはできない。

・そのころの子どもたちは原爆がこわかっただろうなとおもいました。（小）

＊一般人で原爆を知っている人はいなかった。原爆を空襲あるいは爆弾と読み替えれば、その通りだった。

・一番心に残っているのは、五百メートル上から原爆が落ちてきたことです。（中）

＊５００メートル上空は、長崎原爆の爆発した高さである。

・戦争の怖さや爆風の恐ろしさ、強い光などの攻撃は、防空壕に入ると防げます。（小）

＊戦争や爆風の恐怖も原爆の閃光も防空壕では防げない。

・戦争を経験したことを聞いて、なぜ日本は何もしていないのに〜。（小）

＊「日本は何もしていないのに」と戦争の歴史の一面的な捉え方がみられる。

・確かにたくさんの人がなくなりましたけど日本の戦争は終わり、その後平和が続いています。決して原爆を落とされて良かったとは言えませんが、だからといって悪いことばかりでもなかったと思いました。（中）

＊「原爆を落とされて良かったこと」があったのだろうか。討論して深めたいテーマである。

○先生たちの感想

・先生たちのための平和教育講話について感想を書いてくれた。その先生から、「政治的でよかった」とほめてもらった。〝政治的〟という言葉が、好ましい場面で使われた稀な事例である。

・通常、子どもたちの感想文だけか、せいぜい担当者の文が添えられているかだが、ある小学校からは多くの先生たちの感想が寄せられた。担当者の配慮だろう。安保法制関連、憲法問題に目が向けられていたのは、未来をつくる仕事に携わっている教師としてあるべき姿だと思った。常に政治から遠ざけようとする動きがあるものだ。政治に決して臆病にならないでもらいたい。自己規制ほど恐ろしいものはない。子どもにだけではなく、自らにも言い聞かせてほしい。「思ったことはちゃんと言いなさい」と。

資料3．「被爆体験の継承」という表現の初出について

初出は、１９８０年の本島等市長である。

参考までに、第１回の１９４８年から52年までと、初出の前年の表現を付記する。

１９４８年（昭23）８・９文化祭 「～我々は、この文化祭の式典に当たってノーモア・ナガサキ

を力強く標ぼうし、広く世界に宣明せんことを期し、ここに宣言す」。市民代表
1949年（昭24）8・9「～偉大なる原子力は世界平和のため人類福祉に貢献せられんことを熱願するとともに～」長崎市長　大橋博
1950年（昭25）は中止。（朝鮮戦争が起こった年）
1951年（昭26）8・9　平和推進市民大会名で宣言。
1952年（昭27）8・9　田川務市長。この年（52年）以降、市長名に統一。
1979年（昭54）本島等市長「～われわれは原爆体験を次の世代を担う若者たちに語り継ぎ～」
1980年（昭55）本島等市長「被爆体験の継承は、長崎広島市民にとどまらず国民の、いな全人類の課題として強力に推進すべきである」。

資料4．被爆都市市長の不可解な発想
～五輪招致表明あまりに唐突

広島・長崎両市長が10月11日（09年）、2020年オリンピックを両市に招致したいと表明した。あまりにも唐突である。

今年8月に長崎市で開かれた平和市長会議の文書に、20年五輪を被爆地に招致すると行動計画

に書かれていたというが、そのことについては、全く話題にもならなかったからだ。

五輪を被爆地にというが、まず被爆地に招致すべきは五輪ではなく、世界の核保有国の首脳たちである。「百聞は一見にしかず」だ。「核」の正体をじっくり現地で学んでほしい。次に五大陸の若者たちを招いてほしい。広島・長崎には平和な世界の実現に取り組もうとする若者たちを本気にさせる土壌や経験がある。

今、被爆地が目指すべきは「ヒロシマ・ナガサキ議定書」を着実に進め、核兵器をゼロにすることだ。そのためにやるべきことは山ほどある。

メダル争いに一喜一憂し、お金を湯水のように使う「平和の祭典」は、被爆地になじまない。五輪は単なる夢、核兵器廃絶は確かな希望である。核廃絶1号国にこそ金メダルをあげたい。（無職、山川剛　09・10・15長崎新聞「みんなのひろば」掲載）

資料5．被爆体験講話で受ける質問

1．戦争に関する質問
・なぜ戦争が起こるのかについて、もっと詳しく知りたい。
・先の大戦の責任は、誰にあったと思いますか。

・戦争中はどんな生活をしていたのか。（一番つらかったことは何ですか）。
・戦争で負けたことを知ったときは、どんな気持ちでしたか。

2．原爆投下に関する質問
・原爆投下に至るまでの状況はどうでしたか。
・なんで他の所でなく、広島と長崎に原爆が落とされたのか。
・原爆をなぜ落としたのか。

3．原爆被爆の状況に関する質問
・原爆について何か警告はあったか。
・原子爆弾と発表になったのは、いつ頃ですか。
・原子爆弾はどのくらいの威力だったのですか。
・原爆で何人なくなったのか。
・放射能はどのくらい残っているか。
・原爆症にはならなかったのですか。どういう後遺症がありますか。

4．被爆体験に関する質問
・被害はどのくらい離れたところまで受けたのですか。（一番鮮明に覚えている風景や色は）。
・黒い雨は降りましたか。その雨に当たりませんでしたか。

・原爆当日の夜はどのように過ごしましたか。
・被爆してから今日まで、一番辛かったことは何ですか。
・放射能や熱での被害がどんなふうだったか詳しく知りたい。

5. 被爆後の長崎の復興に関する質問
・長崎が今のように復興したのは、いつ頃からですか。

6. 核兵器や核実験に関する質問
・核実験はなぜしなければいけないのか。
・核保有国が増え続けていることについてどう思うか。
・核兵器をなくすためにはどうすればよいか。

7. 原子力の平和利用に関する質問
・原子力発電についてどう思うか。

8. 平和についての考え方に関する質問
・今後、私たちはどのようにしていけば戦争ではなく平和に向かっていけるのだろうか。今、何をすればよいのだろうか。

9．語り部になったいきさつ・心境・活動・やるべきことに関する質問
・語り部になったいきさつ、これからの心境は。
・戦争を二度と繰り返さないために、どんな活動をしているか。

10．生徒にできること、生徒に伝えたいことに関する質問
・平和維持のために、私たちができることは何ですか。
・生徒に特に伝えたいことは何か。

11．その他（憲法・自衛隊・防衛など）
・日本国憲法についてどう思われますか。
・自衛隊をどう思われますか。
・日本からアメリカが出ていったら、日本を守るために武力を強化しなければならないのではないか。
・佐々木貞子さんという広島を象徴する有名な人がいますが、長崎にもそういった人はいますか。
・原爆を投下したアメリカについてどう思いますか。
・平和祈念像を見てどう思うか。
・アメリカに対してどう思っているか、日本政府に対してどう思っているか。
・広島の原爆と似ている点、違うと思う点は。

資料6．明日への伝言（山川啓介作詞、いずみたく作曲）

1
子供たちに伝えよう
愛を生きる知恵を
そしてあの日のヒロシマを
ナガサキの出来事を

2
焼けただれた顔たちが
叫びつづけている
二度と地獄の苦しみを
許してはいけないと

3
子供たちは聞くだろう
だれがおかした罪
そしてあなたは答えよう
わたしたちの罪だと

4　子供たちに伝えよう
人のすばらしさを
そしてあの日のヒロシマを
ナガサキの出来事を

＊10フィート映画運動で製作された記録映画「にんげんをかえせ」のテーマ曲

おわりに

「はじめに」で、私たちの国は、戦後70年にわたって築き上げてきた平和ブランドをあっさり放棄し、国の形を変えてしまう政治の暴挙について書いた。本書のテーマに直結するがゆえに触れないわけにはいかなかったのである。

そして「おわりに」を書いているいま、国会軽視、国民無視の現政権・与党の政治を歪める傲慢ぶりはその極に達し、もはやファシズムといっても異論はない政治状況にきている。憲法を尊重し擁護する義務を負う安倍晋三首相は、党の憲法草案とも異なり何の議論も経ていない改憲案を唐突に公言する始末である。与党は批判も出せない。おまけに「権力の監視」どころか政権・与党の機関誌かと見まがうばかりの一部マスコミの劣化も民主主義にとって深刻な事態を招いている。

先に、教育の憲法といわれる「教育基本法」を改変した安倍内閣は、あろうことか国会で排除・失効確認決議をした「教育勅語」を教材として使用することを否定しないとする閣議決定をした。「生きること」を教える「教育基本法」は改変し、「死ぬこと」を教え強いる「教育勅語」は復権させる。安倍内閣の〝面目躍如〟である。

当面もっとも懸念されるのが、数の暴力で成立を図ろうとしている凶暴な「共謀罪」法案だ。

これが〝平成の治安維持法〟でなくてなんだろう。戦前の治安維持法も「一般人は対象にならない」から始まり、ついに全ての人が対象になったのである。成立を許せば、戦前の暗黒社会の再来である。

長崎に目を移してみよう。平和宣言文起草委員の一部不再任と「平和への誓い」を述べる被爆者代表選任方法の変更は、17年8月9日の平和祈念式典のあり方を変えるのではないかと危惧されたが、6月の草案をみるかぎり、不安的中と言わざるをえない。国内政治の動向、例えば憲法改正をめぐる動き、核兵器禁止条約交渉会議への日本政府の不参加、非核三原則法制化要求などきれいに切り捨てている。

こうした政治の動向は、「二度と被爆者をつくらない」ことを悲願とする被爆者をはじめ、戦争も核兵器もない平和な世界の実現を希求する多くの人々の思いを踏みにじるものである。「あの日」を粘り強く、一人でも多くの人に語り継いでいくことの大切さはここにきてますます重みを増している。

〝明日への伝言〟としての「被爆体験の継承」については、多くのシンポジウムで議論されてもきたが、「もう待てない」「なんとかしなければ」というあせりの声だけが引き継がれてきた印象が強い。さまざまな問題点が指摘されてきたが、その論点が充分整理されてきたとはいえない。議論を後戻りさせない、堂々めぐりさせないことにこれからいっそう留意すべきだろう。

そのために、「誰が伝えるか」「何を伝えるか」「どのように伝えるか」という3つの柱を立て、その柱ごとに伝えるうえで生じる諸問題を整理することから、継承問題を一歩ずつ前に進めることができるのではないかと考え提起した。「被爆体験の継承」に関心をお持ちの人や現にその活動をされている人たちの一助になればと思うし、そうした人たちの「これから」に心から期待したい。

核兵器廃絶は、実現可能な夢であり、なにより希望である。おりしも、核兵器禁止条約の交渉会議が国連で展開されている。条約草案は、核兵器のいかなる使用も国際法違反と宣言し、核兵器そのものを違法とすることも広く合意されている。特筆さるべきは、草案に「被爆者」についての記述が含まれていることだ。7月にも成案が採択されることが期待されている。「核兵器は人類と共存できない」ことが、世界の規範となる歴史的な日を迎えようとしている。

ナガサキを語り継いできたことは正しかった。ナガサキを語り継いでいくことは、核兵器廃絶をたぐり寄せる確かな営みである。

長崎文献社の堀憲昭さん、デザインの山川若菜さんには今回もまた大変お力添えをいただきました。文中にお名前を記した先達の皆さんには多くの有益なご教示や示唆を頂き感謝に堪えません。そして、この本を手にとってくださったみなさんに心からお礼を申し上げます。

2017年6月9日

山川　剛

参考資料

・継承問題に関する新聞各紙（朝日、毎日、読売、西日本、長崎）
・長崎平和推進協会設立25周年記念誌（2010年3月、財団法人長崎平和推進協会）
・被爆二世─核と被爆問題を考える─（2000年8月20日、日本教職員組合、全国原爆被爆二世教職員の会）
・『海の向こうの被爆者たち　在外被爆者問題の理解のために』（2009年6月25日、平野伸人編著、八月書館）
・『続・長崎にあって哲学する　原爆死から平和責任へ』（2004年8月1日、高橋眞司、北樹出版）
・『ナガサキから平和学する！』（2009年1月20日、高橋眞司・舟越耿一編、法律文化社）
・『松尾あつゆき日記　原爆俳句、彷徨う魂の軌跡』（2012年8月3日、平田周、長崎新聞社）
・『原爆後の七〇年　長崎の記憶と記録を掘り起こす』（2016年3月11日、新木武志他4人、長崎原爆の戦後史をのこす会）
・『核兵器をめぐる5つの神話』（2016年5月1日、ウォード・ウィルソン、法律文化社）

筆者経歴

山川　剛（やまかわ・たけし）

1936年、長崎市生まれ
36年間小学校に勤務し、1997年に退職
在職中から平和教育に力をそそぐ
1974年に核実験抗議の座りこみをはじめる
1980年にユネスコ「軍縮教育世界会議」に参加
2005年から2014年まで活水高校で「長崎平和学」を担当
長崎平和推進協会、長崎の証言の会会員

【著　書】
『君が代と国語辞典』（1998年 葦書房）
『希望を語り、希望を学ぶ』（2005年 海鳥社）
『はじめよう平和教育』（2006年 海鳥社）
『センセイ、ハタ　アル?』（2007年 海鳥社）
『希望の平和学』（2008年 長崎文献社）
『11時2分のメロディー』（2010年 海鳥社）
『私の平和教育覚書』（2014年 長崎文献社）

被爆体験の継承
ナガサキを伝えるうえでの諸問題

発　行　日	初版 2017年7月25日
著　　　者	山川 剛
発　行　人	片山 仁志
編　集　人	堀 憲昭
発　行　所	株式会社 長崎文献社 〒850-0057 長崎市大黒町3－1　長崎交通産業ビル5階 TEL. 095-823-5247　FAX. 095-823-5252 ホームページ http://www.e-bunken.com
印　刷　所	オムロプリント株式会社

ISBN978-4-88851-278-7　C0037